Oberwetter
Social Media für Rechtsanwälte
Welche Vorteile bringen Facebook, Twitter und Co.?

Oberwetter

Social Media für Rechtsanwälte

Welche Vorteile bringen Facebook, Twitter und Co.?

Christian Oberwetter

 Luchterhand 2012

Bibliografische Information der Deutschen Nationalbibliothek

Die Deutsche Nationalbibliothek verzeichnet diese Publikation in der Deutschen Nationalbibliografie; detaillierte bibliografische Daten sind im Internet über http://dnb.d-nb.de abrufbar.

ISBN 978-3-472-08374-0

www.wolterskluwer.de
www.luchterhand-fachverlag.de

Alle Rechte vorbehalten.
© 2012 Wolters Kluwer Deutschland GmbH, Luxemburger Straße 449, 50939 Köln.
Luchterhand – eine Marke von Wolters Kluwer Deutschland GmbH.

Das Werk einschließlich aller seiner Teile ist urheberrechtlich geschützt. Jede Verwertung außerhalb der engen Grenzen des Urheberrechtsgesetzes ist ohne Zustimmung des Verlages unzulässig und strafbar. Das gilt insbesondere für Vervielfältigungen, Übersetzungen, Mikroverfilmungen und die Einspeicherung und Verarbeitung in elektronischen Systemen.

Verlag und Autor übernehmen keine Haftung für inhaltliche oder drucktechnische Fehler.

Umschlagkonzeption: Martina Busch, Grafikdesign, Fürstenfeldbruck
Satz: MedienServiceCenter Ute C. Renda-Becker, Lahnstein + Neuwied
Druck und Weiterverarbeitung: Wilhelm & Adam, Heusenstamm

Gedruckt auf säurefreiem, altersbeständigem und chlorfreiem Papier.

Vorwort

Social Media ist für eine Vielzahl von Rechtsanwälten unbekanntes Terrain. Nicht, dass Anwälte sich nicht in Sozialen Netzwerken bewegen würden; doch geschieht das meist privat und nicht im Zusammenhang mit der beruflichen Tätigkeit. Sind die neuen Möglichkeiten nichts für den juristischen Alltag?

Dieses Buch soll einen Einstieg in die Welt von Social Media geben. Der erste Teil des Buches bietet einen lockeren Einstieg in die Gedankenwelt der Sozialen Medien, der zweite Teil befasst sich eingehend mit den Sozialen Netzwerken und ihren Funktionen und ein dritter Teil befasst sich schließlich mit den spezifischen Rechtsproblemen der Social Media-Präsentation.

Social Media ist neu, Social Media ist schnell, Social Media entwickelt sich fort. Wie die Sozialen Medien selbst soll dieses Buch über den bloßen Konsum hinaus Ansporn sein, die angesprochenen Gedanken fortzuentwickeln und eine passgenaue Lösung zu finden, die dem Charakter Ihrer Kanzlei entspricht und damit das bietet, was im Netz so wichtig ist: Authentizität!

Hamburg, im November 2011

Christian Oberwetter

Inhaltsverzeichnis

		Seite
Vorwort		V

Teil 1	**Social Media und Anwälte – ein gutes Team?**	1
Kapitel 1	**Wir Anwälte im 21. Jahrhundert**	3
Kapitel 2	**Was soll ein Anwalt mit Social Media?**	5
I.	Ein Markt mit Potenzial	5
II.	Die technische Herausforderung	5
III.	Vom Web 1.0 zum Web 2.0	6
IV.	Präsent sein – oder nicht?	7
V.	Erste Überlegungen für den Eintritt in Social Media	10
VI.	Die Statistiken sprechen für sich	12
Kapitel 3	**Kanzleiziele beim Einsatz von Social Media**	14
I.	Marketing	14
II.	Public Relations	15
III.	Information	16
IV.	Recruiting/Human Ressources	17

Teil 2	**Social Media-Plattformen und ihre Nutzung**	19
Kapitel 4	**Einführung**	21
Kapitel 5	**Wichtige Seiten**	22
I.	Und hier sind sie – die Celebrities der Networking-Szene	22
1.	Facebook	22
2.	XING	23
3.	LinkedIn	23
4.	Twitter	24
5.	Google+	24
6.	YouTube	25
7.	Weitere bekannte Netzwerke	25
8.	Blogs	25
9.	Wikis	25
10.	Ein alter Bekannter: Der Newsletter	26
II.	Kleine Starthilfe: Wie soll es losgehen?	26
Kapitel 6	**Die Basics der Nutzung**	28
I.	Die Registrierung	28
II.	AGB/Nutzungsbedingungen	29
1.	Registrierung	29
2.	Lizenzierungsklauseln	29
3.	Verhaltensrichtlinien	30

Inhaltsverzeichnis

Seite

4.	Klauseln zu ausländischem Recht und zur Zuständigkeit ausländischer Gerichte.	31
5.	Kündigung bei kostenpflichtigen Diensten.	31

Kapitel 7 Datenschutz. 32
I. Datentransfer in die USA/Drittstaaten außerhalb der
 Europäischen Union. 32
II. Privacy is over?. 32
III. Ein Hauch von Besserung: Die Datenverwendungsrichtlinien
 bei Facebook. 33
IV. Umgang mit Daten auf anderen Plattformen. 35

Kapitel 8 Kostenpflichtige Dienste 37
I. Premiummitgliedschaft bei XING 37
II. Business- und Executivemitgliedschaft bei LinkedIn 37

**Kapitel 9 Wie finde ich mich auf den verschiedenen Netzwerken
 zurecht?**. 38
I. Präsentation einer Kanzlei bei Facebook 38
1. Facebook-Präsenz als Anwalt?. 38
2. Erstellung eines Profils. 38
a) Profile 38
b) Präsentation der Kanzlei 39
c) Weitere Möglichkeiten. 40
II. XING 41
1. XING-Profil. 41
2. XING-Unternehmensprofil. 42
3. XING-Gruppen. 42
4. Veranstaltung einstellen. 43
III. LinkedIn. 43
IV. Twitter 44
1. Erste Schritte auf Twitter. 44
2. Einstellungen. 44
a) Versand und Umgang mit tweets 45
b) Twitter als Informationstool 45
c) Teilnahme. 46
3. Nutzung von Twitter durch Juristen 46
V. Blogs 48
1. Definition. 48
2. Wozu benötigt ein Anwalt einen Blog?. 48
3. Wer soll schreiben?. 49
4. Thementreue. 49
5. Umgang mit negativen Kommentaren. 50
6. Vernetzung. 51

Seite

7.	Wie und was schreiben?	51
8.	Sofort loslegen?	52
9.	Technische Voraussetzungen	53
a)	Eigen- oder Fremdhosting?	53
b)	Sicherheit	54
10.	Inhalte	54
11.	Bekanntheitsgrad des Blogs	54
VI.	Abgrenzung von anderen Angeboten	55
VII.	Eine Auswahl juristischer Blogger	55
VIII.	Vernetzung der Seiten	57
IX.	Das Ende der eigenen Website?	57

Kapitel 10 Der Einstieg in die Sozialen Medien 59
I. Vorbereitung 59
II. Social Media-Beratung 60

Teil 3 Interview mit einer Spezialistin im Social Media-Recht ... 61

Teil 4 Marketing in Sozialen Medien 71
Kapitel 11 Grundsätze 73
Kapitel 12 Konkret: Erreichen der Zielgruppe 76
Kapitel 13 Special: Viral Marketing 77
I. Schnelle millionenfache Verbreitung von Werbebotschaften 77
II. Bewertungsportale 78
1. Entwicklung 78
2. Auswahlkriterien 78
3. Umgang mit negativen Bewertungen 79
Kapitel 14 Kontaktaufnahme 81
Kapitel 15 Social Media-Monitoring 82
Kapitel 16 Onlinereputation 83

Teil 5 Information durch Soziale Medien 85

Teil 6 Als Anwalt rechtssicher in die Sozialen Medien 89
Kapitel 17 Nutzungsbedingungen/AGB 92
Kapitel 18 Datenschutz 93
I. Abgleich über das elektronische Adressbuch 93
II. Information zur Datennutzung 94
1. Notwendige Aufklärung über Datenverwendung 94
2. Datenschutz-Grund-Information 95

Inhaltsverzeichnis

		Seite
3.	Social Plugins.	96
a)	Facebook – Social Plugin	96
b)	Twitter – Social Plugin	98
c)	Google+ – Social Plugin.	98
4.	Versand von Newslettern.	99
5.	Netzwerke und Datenschutz: Interview mit einer Datenschutzrechtlerin.	100
Kapitel 19	**Impressum**.	103
I.	Voraussetzungen.	103
II.	Impressumspflicht auf Facebook, Twitter & Co.	105
1.	Entscheidung des Landgerichts Aschaffenburg vom 19.8.2011	105
2.	Wohin mit dem Impressum in den Netzwerken?	105
a)	Facebook	106
b)	Twitter	106
c)	Google+	106
d)	XING	107
III.	Beispiel-Impressum	107
IV.	Rechtsfolgen eines fehlerhaften Impressums	107
Kapitel 20	**Gegendarstellung, Unterlassung und Widerruf**	109
Kapitel 21	**Haftung für fremde Inhalte**.	111
I.	Grundsätze.	111
II.	Empfehlungen zur Haftungsvermeidung.	113
Kapitel 22	**Berufsrechtliche Beschränkungen**	114
Kapitel 23	**Markenrecht**	117
Kapitel 24	**Urheberrecht**.	118
Kapitel 25	**Sonstiges zum Social Media-Recht**	119
Teil 7	**Social Media Ergebnisse**.	121
Teil 8	**Arbeitsrecht und Social Media**.	125
Kapitel 26	**Bewerberauswahl über Soziale Netzwerke**.	129
I.	Übersicht.	129
II.	Rechtliche Regelungen	129
1.	AGB der Betreiber von Sozialen Netzwerken	129
2.	Datenschutzrechtliche Vorgaben	129
3.	Aktuelle Gesetzeslage	130
4.	Neue Regelungen – Der Gesetzentwurf	130

		Seite
III.	Betriebsrat und Datenschutzbeauftragter	132
IV.	Rechtsfolgen bei Verstößen	132

Kapitel 27 Social Media: Private und geschäftliche Nutzung am Arbeitsplatz ... 133
I. Einführung: Probleme der Nutzung ... 133
II. Die Regelung der Nutzung durch das Direktionsrecht des Arbeitgebers ... 133
III. Private Nutzung ... 134
IV. Mitbestimmungsrechte des Betriebsrats/Beteiligung des Datenschutzbeauftragten ... 135

Kapitel 28 Kontrolle von Beschäftigten und Datenschutz ... 136
I. Vorgaben des Datenschutzes ... 136
1. Aktuelle Gesetzeslage ... 136
2. Neue Regelungen – Der Gesetzentwurf ... 136
II. Mitbestimmungsrechte des Betriebsrats ... 137
III. Folgen rechtswidriger Überwachung ... 137
IV. Beweisverwertungsverbote ... 137

Kapitel 29 Arbeitgeberbefugnisse bei der Onlinedarstellung der Beschäftigten ... 139
I. Präsenz in freizeitorientierten Netzwerken ... 139
II. Präsenz in berufsorientierten Netzwerken ... 139

Kapitel 30 Freie Meinungsäußerung und Loyalitätspflichten gegenüber dem Arbeitgeber ... 141
I. Einführung ... 141
II. Meinungsäußerungsfreiheit und Loyalitätspflicht ... 141
III. Rechtsschutzmöglichkeiten des Arbeitgebers ... 141

Kapitel 31 Verletzung von Betriebs- und Geschäftsgeheimnissen ... 144
I. Verschwiegenheitspflicht des Arbeitnehmers ... 144
II. Beweisermittlung versus Beschäftigtendatenschutz ... 144
III. Strafrechtliche Sanktionierung ... 144

Kapitel 32 Herausgabe von Zugangsdaten und Kundendaten bei Beendigung des Arbeitsverhältnisses ... 146

Kapitel 33 Social Media-Richtlinien ... 147

Kapitel 34 Anhang ... 148

Teil 9 Checkliste für Kanzleien zum Einsatz von Social Media ... 151

Inhaltsverzeichnis

Seite

Teil 10   Die Zukunft des Netzes........................... 155

Literaturverzeichnis 159

Glossar 160

Stichwortverzeichnis... 163

Teil 1 Social Media und Anwälte – ein gutes Team?

Kapitel 1 Wir Anwälte im 21. Jahrhundert

Die letzten Jahre haben uns Anwälte verändert. Unsere Zahl nahm in großen Schritten zu, im gleichen Atemzug fielen Werbebeschränkungen. Außerdem konstatieren wir, dass unsere Mandanten auch nicht eben anspruchsloser geworden sind. Und unsere guten alten Gebühren können wir am Markt auch nicht mehr so recht vermitteln. Wir sind Dienstleister geworden. Sind wir Anwälte daher Unternehmer wie jeder andere Selbstständige auch? Jeder selbständige Anwalt wird das grundsätzlich bejahen – wir müssen uns eine Strategie überlegen, wie wir Mandate bekommen, was für Mandate wir bekommen und wie wir davon so leben können, dass wir den Spaß an der Sache nicht verlieren. Neben den Umsätzen müssen wir einen Blick auf die Kosten werfen – unsere Büros sollen repräsentativ sein, unsere Angestellten motiviert, unsere Arbeitsmittel effizient und wir sollen und müssen uns fortbilden. Alles nicht preiswert und der Verlust eines großen Mandanten bringt so manchen Kollegen in Existenzängste.

Marketing ist für uns wichtig geworden und nebenbei ist es auch mal etwas anderes als die reine Sachbearbeitung. Es gibt allerdings Stimmen im Kollegenkreis, die meinen, bei all diesen Gedanken über Marketing und Dienstleistung würden wir unsere eigentliche Aufgabe vernachlässigen: Organ der Rechtspflege zu sein. Daran ist richtig, dass wir nicht vergessen sollten, dass unsere Tätigkeit den Menschen Rechtssicherheit gibt. Wir Anwälte sind es, die mit der heißen Nadel gestrickte fehlerhafte Gesetze zu Fall bringen. Erst durch unsere Tätigkeit werden Journalisten, Politiker und nicht zuletzt die Bevölkerung auf Missstände aufmerksam und stellen diese dann zum gesellschaftlichen Diskurs. Engagierte Anwälte erkämpfen für ihre Mandanten Urteile, die weitreichende Folgen haben und unser gesellschaftliches Zusammenleben neu ordnen können. Verlieren wir das aus den Augen, wenn wir uns um uns selbst, um unser wirtschaftliches Leben und Überleben kümmern müssen? Das kann selbstverständlich so sein, aber jeder hat es selbst in der Hand. Wir müssen uns bewusst sein, dass die Anwaltschaft niemals einheitlich war – um es pointiert auszudrücken: Es hat schon immer Kollegen gegeben, die dem »schnöden Mammon« verfallen waren und solche, die es als Inhalt ihres Lebens sahen, den »Armen und Schwachen« zu helfen und dabei über ihre Vergütung nicht nachdachten.

Zugegeben: Diejenigen, die den Anwaltsberuf eher aus wirtschaftlicher Sicht sehen, müssen sich heute etwas mehr anstrengen. Doch negative Auswirkungen auf die Vertretung der Mandanten muss das nicht haben. Im Gegenteil: Wir spezialisieren uns auf bestimmte Gebiete oder Branchen und versuchen unsere Mandanten zu verstehen. Wir sind nicht mehr die Generalisten, die sich an jede Materie heranwagen. Sondern solche, die sich auf einem bestimmten Gebiet auskennen, dort aber richtig. Wir haben die Möglichkeit bekommen, diesen Weg zu beschreiten und sollten die Änderungen am Markt als Chance verstehen und nicht auf alten Denkmustern beharren. Und vergessen wir die alten Zeiten, in denen schon eine Informationsveranstaltung für Mandanten anrüchig war, wenn dort Häppchen gereicht wurden. Dahin wollen wir nicht zurück. Bewegen wir uns in die Zukunft, begeistern wir uns für die technischen Innovationen, die uns die Möglichkeit geben, mit unseren Mandanten und der Öffentlichkeit in Interaktion zu treten – treten wir ein in die Welt von Social Media.

Kapitel 2 Was soll ein Anwalt mit Social Media?

I. Ein Markt mit Potenzial

Social Media für Rechtsanwälte? Ist das nicht wieder bloß eine Modeerscheinung, die in zwei, drei Jahren schon Geschichte sein wird, weil es wieder etwas Neues gibt? Soll man sich als Anwalt nun auch noch damit beschäftigen? Diese Frage muss sich jeder selbst beantworten. Sicher ist: Man wird als Anwalt noch Jahre ohne Social Media leben können, so wie es heute noch Anwälte gibt, die ganz ohne das Internet auskommen. Allerdings – die Zahl wird kleiner werden, denn die Technik verschwindet nicht, sondern entwickelt sich weiter. Jeder Anwalt, der sich mit dem Recht der Sozialen Medien befasst, hat den Weg in die Sozialen Netzwerke längst beschritten, mehr oder minder intensiv. Es wäre jedoch ein Irrtum zu glauben, dass nur die überschaubare Anzahl von Social Media- und IT-Rechtlern in den Networks gut aufgehoben ist. Vielmehr steht der Weg in die Netzwerke jedem Anwalt offen. Seine Mandanten sind im Zweifel schon dort, schaut man nur einmal auf die 20 Millionen Facebook-Mitglieder in der Bundesrepublik. Ein Markt mit großem Entwicklungspotenzial, denn im Augenblick wächst eine Klientel heran, die eine Zeit ohne Internet niemals kennengelernt hat, die sogenannten Digital Natives. In wenigen Jahren wird es junge Erwachsene geben, die sich überhaupt nicht mehr vorstellen können, dass es jemals ein Leben ohne digitale Präsenz gegeben hat und darüber staunen werden wie heute Jugendliche über die Tatsache, dass mitten durch Berlin einmal eine Mauer lief.

II. Die technische Herausforderung

Juristen sind konservativ und stehen Innovationen skeptisch gegenüber. Eine solche Einstellung ist nicht per se falsch. Ein guter Anwalt ist ein guter Beobachter – und Beobachten setzt voraus, dass man eine Entwicklung erst einmal verfolgt. Allein – es fehlt die Zeit. War es im Mittelalter noch so, dass sich die Arbeitsmittel über Jahrhunderte technisch nicht weiter entwickelten, so beschleunigte sich das während der industriellen Revolution – und heute befinden wir uns in einer Welt der stetigen Erneuerung. Technische Innovationen verändern uns und unsere Umwelt. Der Besitz eines Mobiltelefones und eines Zugangs zum Internet war vor 15 Jahren die Ausnahme und ist heute die Regel – und selbstverständlich bieten sich uns aktuell weitaus größere Möglichkeiten als früher. Es ist für uns Anwälte nicht mehr möglich, erst einmal zu schauen, wie eine Technik sich entwickelt. Wir müssen mit den technischen Möglichkeiten gehen, nicht nur um unser selbst willen, weil wir uns auf Neuerungen einzustellen haben. Die Innovationen der digitalen Revolution fordern das Wissen der Anwälte heraus; es treten rechtliche Probleme auf, für die eine Lösung gefunden werden muss. Bereits in den

Kapitel 2   **Was soll ein Anwalt mit Social Media?**

Gründerjahren des Internets hätten die Juristen ihr Ansehen fast verspielt – das Wort vom Internet als rechtsfreiem Raum machte die Runde; doch schon bald zeigte sich, dass das Internet mit den Regelungen des geltenden Rechts und ein paar Spezialgesetzen zumindest für den Moment zu bändigen war. Im Bereich der Sozialen Medien werden nun neue rechtliche Fragen aufgeworfen, die wir Anwälte sehen und beantworten müssen.

Und was ist mit den Anwälten, die Social Media kalt lässt und deren Rechtsgebiete damit nicht in Berührung kommen? Wie ist es mit dem Mietrechtler und dem Verkehrsrechtler? Warum sollte er sich mit Sozialen Netzwerken auseinandersetzen? Die Antwort ist einfach: Social Media kann auch für den Miet- und Verkehrsrechtler ein Instrument für die Mandantengewinnung, für die Kontaktpflege und für die Informationsgewinnung sein. Jeder Anwalt kann sich durch Soziale Medien seine Vorteile suchen und sichern.

III.   Vom Web 1.0 zum Web 2.0

Gab es eine Zeit ohne das Internet? Viele Rechtsanwälte können sich daran noch erinnern. Als ich in den 90er Jahren Referendar in einer größeren Hamburger Wirtschaftskanzlei war, konnten es sich die Senior-Partner leisten, ihren Computer eingehüllt und unbenutzt in einer Ecke ihres Büros stehen zu lassen. Für die Schriftsätze gab es die Sekretärin und Google war unbekannt. Das Internet steckte in seinen Kinderschuhen und bösartig wurde damals formuliert, es sei etwas für Informatikstudenten und politische Wirrköpfe. Der Weg in das Internet war damals gar nicht so leicht und mit relativ hohen Kosten verbunden: Man musste sich über Compuserve oder AOL seinen Weg in das Internet bahnen. Einwählen konnte man sich nur über Knotenpunkte in Großstädten. Für jemanden aus der Provinz ein teures Vergnügen.

Von Juristen wurde das Internet zunächst nur als Mittel zur Informationsgewinnung verstanden, später auch als Möglichkeit zur Anbahnung von Mandaten. Es war die Zeit des Web 1.0: Es gab nur wenige Personen, die Informationen in das Netz einspeisten und zur Verfügung stellten. Dem stand eine große Zahl von reinen Konsumenten entgegen, die das Internet passiv nutzten.

Dennoch tastete sich die Anwaltschaft langsam vorwärts: Die Kanzlei-Homepage war zunächst eine digitale Visitenkarte, ebenso wie die Teilnahme an Anwalts-Suchdiensten. Erst mit dem neuen Jahrtausend entdeckten die Advokaten neue Möglichkeiten der Akquise und Kundenbindung: Statt per Post Kanzleizeitungen zu versenden, wurden nun Newsletter mit aktuellen Informationen per E-Mail an die Mandantschaft versandt. Aus der Website als Kanzlei-Visitenkarte wurde ein Informationsmedium. Anwälte beschäftigten sich erstmals mit Suchmaschinenmarketing, um ihre Kanzleien im Google-Ranking ganz nach oben zu bringen, getreu der Devise: Wer in der Trefferliste auf der zweiten Seite steht, wird nicht mehr beachtet. All das besitzt heute selbstverständlich noch Relevanz. Durch die Geburt von Social Media deutet sich allerdings Neues an: Die Verlagerung der Nutzung hinein in die Sozialen Medien.

So ergab eine Erhebung des US-Unternehmens Comscore aus dem Jahr 2010, dass die US-amerikanischen Nutzer mehr Zeit im Sozialen Netzwerk Facebook verbringen als bei der Google-Suche. Kein Wunder, dass der Facebook-Gründer Mark Zuckerberg nun auch seine Konkurrenten Larry Page und Sergey Brin von Google in puncto Reichtum überholt hat – das Rennen ist allerdings noch nicht beendet.

Man mag vertreten, dass die Juristen eher konservativ sind und sich nur zögerlich im Netz bewegen. Dabei darf man jedoch nicht vergessen, dass allein die technische Revolution des Internets die Präsenz von Anwälten im Netz nicht möglich machte. Ohne die berufsrechtlichen Änderungen in den 90er Jahren wäre die heutige Darstellung von Anwälten im Internet nicht denkbar. Den Anwälten wurde erstmals erlaubt, Werbung zu betreiben. Das geschah nicht ohne Hauen und Stechen unter den Anwälten.

Nach dem neuen § 43 b BRAO war Werbung nun erlaubt, soweit sie über die berufliche Tätigkeit in Form und Inhalt sachlich unterrichtete und nicht auf die Erteilung eines Auftrags im Einzelfall gerichtet war. Spielte sich die Werbungsschlacht zunächst noch offline vor allem in den Gelben Seiten, vereinzelt durch öffentliche Werbung in Zeitungen, oder durch Plakate an öffentlichen Orten (z.B. in U-Bahnhöfen) ab, so verlagerte sich die Anwaltswerbung Schritt für Schritt in das Internet.

IV. Präsent sein – oder nicht?

Sollen Sie nun in Social Media einsteigen? Da Sie dieses Buch in den Händen halten, ist Ihr Interesse bezüglich Social Networking geweckt. Vermutlich haben Sie in letzter Zeit davon gelesen, dass Unternehmen Social Media betreiben. Irgendwann haben Sie davon gehört, dass selbst Bundestagsabgeordnete twittern. Sie kennen die wichtigen Social Media-Seiten im Internet und haben schon davon gehört, dass der eine oder andere Anwalt bloggt. Wie so viele unserer Kollegen werden Sie zunächst skeptisch gewesen sein und sich gefragt haben, ob das überhaupt etwas für Anwälte ist.

Viele Anwälte leben noch in der alten Welt, dem Vor-Internet-Zeitalter. Dort hieß es: Ein Anwalt, der erreichbar ist, hat nichts zu tun. Während die Mandanten bereits eine halbe Stunde vorher in den Gerichtssälen warteten, kam der Anwalt fünf Minuten zu spät zum Termin. Die Schriftsätze waren geschrieben und nun musste nur noch mündlich verhandelt werden. Alles im Griff. Unbestritten ist das eine komfortable Art der Mandatsführung, denn wir alle wissen, dass es in der Regel nicht notwendig ist, einen bereits ausgeschriebenen Fall mit dem Mandanten am Vortag noch stundenlang zu besprechen oder schon eine Stunde vor dem Termin zu erscheinen, um den Fall noch einmal plattzutreten. Wir müssen uns jedoch schon seit einigen Jahren fragen lassen, ob ein solcher Umgang mit Mandanten noch zeitgemäß ist. Das heißt selbstverständlich nicht, dass Anwälte der allzeit bereite Dienstleister Ihres Mandanten werden müssen. Wenn Sie sich allerdings in den Sozialen Medien bewegen möchten, muss Ihnen klar sein, dass es hier um Interaktion und Kommunikation geht. Und das bedeutet, dass man Zeit für Inhalte und Austausch mit den Mandanten einsetzen muss. Diese Zeit können Sie nicht mit Stundenhonorar abrechnen, so dass der Einsatz von Social Media zunächst einmal nur ihre Zeit kosten wird. Ganz neu ist Ihnen andererseits nicht, dass Akquise von Mandanten Aufwand bedeutet.

Wichtiger als die Frage, ob man in den Sozialen Medien präsent sein möchte, ist die Frage, warum man das möchte und welche langfristigen Ziele man mit der Präsenz verbindet.

Es wird für Anwälte immer wichtiger, Soziale Netzwerke zu nutzen. Natürlich ist es möglich, sich herauszuhalten und mit Mandanten auch weiterhin das Einbahnstraßen-Prinzip zu fahren: Nach dem ersten Beratungsgespräch setzen Sie sich an den Fall. Ihr Mandant bekommt Nachricht, wenn Sie es für notwendig erachten. Ein Prinzip, das sich immerhin über Jahrzehnte bewährt hat. Allerdings: Unterschätzen Sie nicht, was die Sozialen Medien in den Köpfen der Menschen bewirken. Es ist eine neue Form des Umgangs entstanden, die Interaktion tritt in den Vordergrund und wird von den Kunden eines Unternehmens erwartet. Eine Anwaltskanzlei stellt dabei gegenüber anderen Unternehmen keine Besonderheit dar. Diese im Netz entstehende Interaktion erwarten die Kunden auch in der Offline-Welt. Es nützt also nichts, wenn Sie sich in Sozialen Medien engagieren, aber auch hier wieder das Einbahnstraßen-Prinzip verwenden: Sie geben die Information und damit ist die Sache für Sie erledigt.

Denken Sie sich einmal in folgende Situation hinein: Sie haben eine sehr gutgehende Kanzlei mit hohen Überschüssen. Diese Überschüsse vertrauen Sie einem Vermögensverwalter an. Wie es in der heutigen Zeit so ist, geht die Börse mal rauf, mal runter. In einer besonders schlechten Phase versuchen Sie immer wieder, den Vermögensverwalter zu kontaktieren. Über sein Büro können Sie den Vermögensverwalter nicht erreichen, das Sekretariat kündigt Ihnen aber an, dass er zurückrufen wird. Auf einen Rückruf warten Sie allerdings vergeblich, sodass Sie es immer wieder versuchen und die Sekretärin bereits einen unüberhörbar genervten Ton auflegt. Ihre E-Mails werden mit der Standard-E-Mail beantwortet, dass Ihre Anfrage in Bearbeitung ist und man kurzfristig darauf zurückkommen wird. Nun mag es ja sein, dass der Vermögensverwalter äußerst viel zu tun hat und erfolgreich ist. Ihre Probleme werden allerdings damit nicht gelöst und Ihr Vertrauen wird auch nicht größer. Sie sind enttäuscht und werden über kurz oder lang Ihr Geld woanders anlegen. Anders wäre es gewesen, wenn der Vermögensverwalter sich mit Ihnen in Kontakt gesetzt und das Gespräch gesucht hätte.

Möglicherweise wäre es sogar auch anders gewesen, wenn er in einem Blog zu den aktuellen Themen Stellung genommen hätte, und damit gezeigt hätte, dass er am Ball ist. Es mag eventuell für den Vermögensverwalter nicht so schlimm sein, Sie als Kunden zu verlieren. In früheren Zeiten hätten Sie abends beim Bier Ihren Freunden von der Unzufriedenheit mit dem Vermögensverwalter berichtet. Das würden Sie sicher heute auch noch tun. Nun haben Sie jedoch die Möglichkeit, Ihrem Ärger auch im Internet Luft zu machen. Eventuell können Sie auf speziellen Seiten die Leistung des Geld-Fachmanns bewerten oder sich mit anderen Nutzern in Communities über ihn austauschen. Sie sehen: Ihnen stehen ganz neue Möglichkeiten zur Verfügung, die für ihren Dienstleister ein erhebliches Problem darstellen können, soweit seine Dienstleistung keine Qualität besitzt.

Sie müssen sich mit folgendem Gedanken anfreunden: Auch wenn Sie Social Media nicht nutzen, führt das nicht dazu, dass Sie in Sozialen Netzwerken keine Erwähnung finden: Sie haben sicher schon von Anwaltsbewertungsportalen gehört, auf denen Mandanten Ihre Leistungen benoten können. Das kann vorteilhaft sein, wenn es positive Urteile sind. Es kann aber auch sein, dass Ihnen unzufriedene Mandanten einige Takte ins Logbuch schreiben. Mehrere negative Beurteilungen können fatal sein: Haben Sie schon einmal online ein Hotel ausgewählt und sich die Bewertung angeschaut? Sie werden sicherlich kein Hotel mit miserabler Bewertung gebucht haben, sondern ein solches mit zumindest guter Bewertung. So wie es dann bei den Hotels nicht ausreicht, dass sie schöne Fotos ins Internet gestellt haben, reicht bei Ihnen die noch so schicke Website nicht aus, um diesen Makel zu beheben. Potenzielle Mandanten werden sich gar nicht mehr die Mühe machen, Ihre Website zu besuchen. Ihnen reicht der Negativeintrag.

Auf einer Fortbildung im IT-Recht meinte kürzlich ein Kollege, er wolle in diesen Diensten nicht auftauchen. Er habe bereits gesehen, dass sein Profil erstellt sei, und nun könne er bewertet werden. Er wolle nun den Betreiber der Seite zur Löschung seiner Anwaltsdaten auffordern. Das könnte allerdings schwierig werden, weil die Daten aus allgemein zugänglichen Quellen, nämlich dem Internet selbst, erhoben wurden und deshalb auch nach geltendem Datenschutzrecht von diesem Dienst genutzt werden dürfen.

Sucht ein Mandant im Internet einen Anwalt, so nutzt er in der Regel die Suchmaschine Google. Sein Blick wandert über die Einträge auf der ersten Seite. Dort wird er in der Regel schon fündig. Ihr Ziel ist es also, einen Eintrag auf der ersten Google-Seite zu haben, idealerweise unter den ersten fünf Einträgen. Aber: Es muss der richtige Eintrag sein. Eine Kritik über Sie oder Ihre Kanzlei wirkt vernichtend.

Das Web 2.0 ist leider ein zweischneidiges Schwert. Sie können durch ein gutes Suchmaschinenmarketing und durch Präsenz in den Netzwerken viele Mandate erhalten. Das Web 2.0 ist jedoch auf Interaktion ausgerichtet. Sie können also nicht verhindern, dass man Ihre Beiträge negativ kommentiert. Möglicherweise will Ihnen sogar jemand etwas Böses. Das kann ein enttäuschter Mandant sein, aber auch eine gegnerische Partei, die eine Niederlage nicht verwinden kann. Sie kennen diese Fälle, in denen jemand allein im Anwalt die Quelle allen Übels sieht.

V. Erste Überlegungen für den Eintritt in Social Media

Wenn Sie Soziale Medien gewinnbringend für die Kanzlei einsetzen möchten, müssen Sie einen Teil Ihrer Zeit darin investieren. Es gibt nicht den bequemen Weg, sich kurz mal in den verschiedenen Sozialen Netzwerken zu registrieren, ein paar Informationen einzuspeisen und dann auf den Mandatseingang zu warten: Dafür sind Soziale Netzwerke nicht geschaffen. Wer über das Internet Mandate generieren möchte bzw. Mandanten an sich binden möchte, muss mehr bieten, als eine statische Darstellung.

Sie füllen Seiten nicht lediglich mit Informationen, sondern interagieren mit (potenziellen) Mandanten. Nur lebendige Seiten sind interessant, das sollten Sie im Hinterkopf behalten und reaktionsschnell und mit einer gewissen Frequenz agieren. Es versteht sich von selbst, dass Sie nicht in einer Juristensprache dozieren sollten, sondern Inhalte allgemein verständlich darstellen. In der Darstellung kann es graduelle Unterschiede geben: Wer sich an ein bestimmtes Klientel wendet, sollte dessen Sprache sprechen.

Fokussieren Sie Ihre Gedanken auch nicht ausschließlich auf die Ansprache von Mandanten. Zumindest genauso wichtig ist es, mit Kommunikatoren in Verbindung zu treten, die ihre Beiträge interessant finden und weiter verbreiten. Denken Sie an den Kontakt zu Journalisten, zu Verbänden und nicht zuletzt zu Kollegen.

Ich empfehle Ihnen, die Kommunikation zudem selbst wahrzunehmen. Der Gedanke, dass doch der Referendar oder die studentische Hilfskraft die Arbeit übernehmen könnte, ist selbstverständlich verlockend. Ich will den Einsatz von Studenten und Referendaren auch gar nicht verdammen. Letztlich sind Sie es aber, der mit den Sozialen Medien umgehen soll. Die Stationszeit eines Referendars ist begrenzt und Studenten verabschieden sich auch hin und wieder. Dann muss Ersatz eingearbeitet werden. Im Übrigen sollten Sie bedenken, dass die Inhalte unter Ihren Namen veröffentlicht werden. Da lohnt es sich, genau zu wissen, was denn da über den Tisch geht. Und noch etwas anderes: Wenn Sie bloggen, geht es nicht nur um Mitteilung der Inhalte, sondern auch den Schreibstil, mit dem diese Inhalte transportiert werden. Ihr Publikum in den Sozialen Medien liest ihren Blog, weil ihm die Form der Darstellung gefällt. Schreibt einmal der Referendar, dann wieder sie, dann die studentische Aushilfe, wird die Einheitlichkeit der Darstellung gestört. Gut möglich, dass ihr Blog dann an Authentizität verliert. Betrachten Sie ihr Auftreten in den Sozialen Medien als Chefsache. In ihrer Kanzlei würden sie ein Beratungsgespräch auch selbst führen und dem Mandanten nicht den Studenten vorsetzen, der in der Sache auch schon recht firm ist.

Teil 1 Social Media und Anwälte – ein gutes Team?   Kapitel 2

Wenn Sie einen Blog betreiben, sollten Sie bereit dazu sein, täglich Beiträge schreiben zu können, diese einzustellen und zu verbreiten. Das ist der Grundsatz. Sie sollen natürlich nicht gedankenlos irgendwelche Beiträge auf den Blog stellen, nur damit sie täglich dabei sind. Nach einiger Zeit werden sie ein Gefühl dafür bekommen, mit welcher Taktung Sie schreiben. Und denken Sie daran: Ihre potenziellen Mandanten wollen Kommunikation teilen. Sie wollen ihre Inhalte nicht nur konsumieren, sondern dazu Stellung nehmen. Kommentieren sie gleichfalls die Beiträge; aber auch hier gilt: nicht zu allem muss etwas in den Äther geschickt werden.

Bevor Sie loslegen: Schauen Sie sich die einzelnen Dienste genau an, machen Sie sich mit den Regeln vertraut und mit den Funktionen. Besuchen Sie andere Seiten und schauen Sie, wie dort kommuniziert wird. Das müssen nicht ausschließlich Anwaltsseiten sein. Anwälte können von anderen Branchen viel lernen.

Kommen wir zurück auf die Zeit vor dem Internet oder auf die Vorwerbezeit von Rechtsanwälten. Oben hatten wir gesehen, dass es die Anwälte in dieser Zeit leichter hatten; sie konnten die Kommunikation mit ihren Mandanten auf eine bequemere Art führen. Warum war das so? Wer noch Anfang der 90er Jahre des vergangenen Jahrhunderts einen Anwalt suchte, hatte möglicherweise das Glück, Personen zu kennen, die schon einmal bei einem Anwalt waren. Ansonsten konnte er sich nur an Namensschildern von Anwälten an den Hauswänden orientieren oder sich im Telefonbuch die Auflistung der Rechtsanwälte anschauen. Da der potenzielle Mandant, außer bei einigen Fachanwaltschaften, die Spezialisierung des Anwalts gar nicht erkennen konnte, suchte er sich im Zweifel jemanden in der Nähe seiner Wohnung, seines Arbeitsplatzes oder einfach in der Innenstadt aus. Unternehmer mögen über die entsprechenden Berufsverbände schon immer eine speziellere Auswahl gehabt haben, dennoch standen auch sie häufig im Regen. Das hat sich mit der Lockerung der Werbebeschränkungen für Rechtsanwälte und der digitalen Revolution entscheidend geändert. Zutreffend: Auch heute gibt es noch die klassische »Mund zu Mund«-Propaganda. Noch immer kann man im Golfclub oder bei einer politischen Partei Mandate gewinnen. Die Mandanten sind jedoch nicht mehr so unvoreingenommen, wie früher. Sie kennen das selbst: Bekommen Sie heute eine Visitenkarte überreicht, googeln Sie Ihre Bekanntschaft im Internet. Finden Sie nichts oder gar etwas Negatives zu der Person, muss das zwar nichts heißen, aber Sie ziehen Ihre Schlüsse. Nehmen wir das Beispiel von oben: Haben Sie einen Vermögensverwalter kennengelernt und finden Sie negative Kommentare über seine Beratung im Netz, so zweifeln Sie, ob Sie einer solchen Person tatsächlich Ihr Geld anvertrauen sollen. Wenn Sie einem Unternehmer im Golf-Club ihre Visitenkarte überreichen, gilt nichts anderes: Der potenzielle Mandant wird über das Internet Informationen über Sie einholen. Findet er etwas Irritierendes, wird er sie damit konfrontieren oder ohnehin den Kontakt zu Ihnen gar nicht mehr aufnehmen.

In den 90er Jahren gründeten sich Anwaltssuchdienste im Internet. Die Gestalt dieser Portale hat sich mit den letzten Jahren zunehmend in Richtung Web 2.0

verändert. Gab es zunächst nur Kanzleipräsentationen, so können Anwälte heute aktuelle Beiträge mit Rechtstipps verfassen. Der Inhalt wird also auch hier wichtiger. Den potenziellen Mandanten wird damit Gelegenheit gegeben, sich Ihren Spezialisten herauszusuchen.

Bei dem ersten Gespräch frage ich meine Mandanten immer, wie sie denn auf mich gekommen sind. In den letzten Jahren kamen immer mehr Personen, die sagten, sie hätten mich über das Internet gefunden. Allerdings konnten sie zur der Frage, wie sie denn dort auf mich gekommen wären, wenig bis gar nichts sagen. Meist hieß es:»Ich habe im Internet gesurft und bin dann auf Ihren Namen gestoßen.« Aber auch hier scheint ein Wandel stattzufinden. So mancher Mandant erzählt mir, dass er wegen seines juristischen Problems im Internet recherchiert hätte. Im Gespräch zeigt sich das auch, der Mandant kann meiner Beratung nicht nur gut folgen, sondern weiß im Idealfall, welche Informationen seinerseits für eine Beratung nützlich sind. Allerdings: kein Licht ohne Schatten. Mandanten können die Brauchbarkeit einer Information im Internet weniger einschätzen als der Anwalt. Sie sitzen gelegentlich Falschinformationen auf. In jedem Fall können mir die Mandanten heute deutlicher mitteilen, wie sie auf mich aufmerksam geworden sind, nämlich durch eine Veröffentlichung im Internet, die zu ihrem Problem genau passte. Daran zeigt sich, dass es heute für den Anwalt nicht mehr ausreicht, lediglich einen bestimmten Schwerpunkt im Internet anzugeben. Mit der Diversifizierung in immer weitere Tätigkeitsschwerpunkte haben sich seinerzeit die Gelben Seiten oder vielmehr die inserierenden Anwälte ihre Werbeplattform selbst zerstört. Immer mehr Anwälte frequentierten die Gelben Seiten. Folge war, dass das Branchenbuch immer aufgeblähter wurde und die Anwälte zwar kreativ im Erfinden von neuen Tätigkeitsschwerpunkten waren, dabei jedoch nicht berücksichtigten, dass sich ihre potenzielle Mandantschaft unter dem entsprechenden Bereich nichts vorstellen konnte und von der Flut von Schwerpunkten schlicht erschlagen wurde.

Für die klassischen Anwaltsportale im Netz gilt das gleiche Gesetz: Ausgefallene Schwerpunkte helfen Ihnen nicht mehr weiter. Der richtige Weg, Mandanten anzusprechen, liegt in der Information und Interaktion unter Nutzung des neuen Werbekanals der Sozialen Medien. Veröffentlichen Sie lesenswerte Informationen.

VI. Die Statistiken sprechen für sich

Als Beispiel für die zunehmende Nutzung für Kaufentscheidungen im Internet möchte ich die Studie »Cars Online« des Beratungsunternehmens Capgemini heranziehen. Das Unternehmen hatte 8.000 Verbraucher zum Thema Autokauf online befragt. Es stellte sich heraus, dass die Verbraucher zunehmend auf Social Media setzen. 71% der Befragten erklärten, dass sie das Fahrzeug eines bestimmten Herstellers oder Händlers kaufen würden, wenn sie positive Kommentare auf Social Media-Webseiten finden würden. 51% sagten, sie würden sich gegen

Teil 1 Social Media und Anwälte – ein gutes Team?   Kapitel 2

einen bestimmten Hersteller oder Händler entscheiden, wenn sie negative Kommentare im Social Media Netzwerken finden würden.

Gilt das aber auch für die Auswahl eines Anwalts per Internet? Eine Studie aus den USA belegt die wachsende Bedeutung von Social Media-Diensten für die Auswahl von Kanzleien durch die Rechtsabteilungen von Unternehmen. Die In-House-Juristen gaben in der Umfrage an, welche Informationsquellen für sie am wichtigsten wäre, um eine Kanzlei zu finden, die das Unternehmen vertritt (wie sie wissen, erledigen die Rechtsabteilungen in Unternehmen längst nicht alles selbst – spätestens bei gerichtlicher Vertretung werden die Mandate an Anwälte vergeben):

1. Empfehlungen aus vertrauenswürdigen Quellen (73 %)
2. Veröffentlichungen des Anwalts (38 %)
3. Informationen auf der Kanzleiwebsite zum Anwalt (30 %)
4. Blogs von Rechtsanwälten (27 %)
5. Rankings und Verzeichnisse (22 %)
6. Twitter-Nachrichten durch Anwälte (22 %)
7. LinkedIn (18 %)
8. Zitate des Anwalts in den Medien (15 %)

Die Auswahl über Social Media-Dienste erzielt in den USA also bereits einen hohen Anteil, wenn man bedenkt, dass es sich um Erscheinungen der jüngsten Vergangenheit handelt. Noch deutlicher wird die Entwicklung, wenn man die Meinung der unter 35 Jahre alten Unternehmensjuristen hört: für 38 % dieser Gruppe ist der Blog eines Anwalts eine sehr wichtige Informationsquelle und erzielt damit den zweithöchsten Wert.[1]

Die Entwicklung wird in der Bundesrepublik ähnlich sein und je mehr Digital Natives in den Rechtsabteilungen vertreten sind, umso häufiger werden Soziale Medien für die Auswahl von Anwälten für die Unternehmensjuristen eine Rolle spielen.

▶ **Hinweis**

– Social Media-Auftritt bedeutet Zeitaufwand
– Gestalten Sie den Auftritt mit Inhalten und nicht mit statischen Ausführungen
– Social Media ist Chefsache: Werden Sie selbst tätig und lassen Sie nicht Referendare und Praktikanten schreiben
– Auch wer nicht in Sozialen Medien präsent ist, kann bereits präsent sein: negativ!

---

1 Vgl. *Greentarget*/ALM Lehal Intelligence, Zeughaus Group, Corporate Counsel New Media Engagement Survey.

Kapitel 3   Kanzleiziele beim Einsatz von Social Media

Für einen Anwalt gilt nichts anderes als für jedes Unternehmen auch: Man kann Soziale Medien dafür einsetzen, Kunden bzw. Mandanten zu gewinnen und zu halten, durch gezieltes Marketing und Public Relations. Das geschieht über den Austausch von Informationen, durch Interaktion und Kommunikation. Daneben können Soziale Netzwerke natürlich passiv zur reinen Informationsgewinnung genutzt werden. Letztlich bietet sich die Möglichkeit, Personal über Social Media zu finden.

I. Marketing

Der erste Gedanke, der Ihnen bei der Nutzung von Social Media kommen wird, ist der, darüber Ihr Angebot zu vermarkten, sprich Mandanten zu gewinnen bzw. zu behalten. Wie bei jedem Marketing ist auch das Ziel des Social Media-Marketing die Realisierung bestimmter Ziele. Die Kanzlei soll bekannter werden. Wichtig für Sie ist die Verbesserung der Suchmaschinenergebnisse und damit zusammenhängend die Steigerung der Besucherzahlen auf der Webseite. Das führt dann zu mehr Mandaten, sie sichern ihre Existenz und bauen sie tragfähig aus. Anwälte sind jedoch andererseits so unterschiedlich und vielfältig wie die Welt selbst. Für manche Anwälte ist es wichtig, an Bekanntheit und Einfluss zu gewinnen, andere legen den Schwerpunkt auf möglichst hohe Umsätze und für andere wiederum ist Unabhängigkeit und Spaß bei der Arbeit wichtig. Für den Berufsanfänger ist es von Bedeutung, überhaupt an Mandate zu kommen, der arrivierte Anwalt möchte möglicherweise ein neues Geschäftsfeld eröffnen, weil ihm die Branche, für die er tätig ist, nicht mehr gefällt. Die persönlichen Ziele können ganz unterschiedlich sein und selbstverständlich auch aus einem Motivbündel bestehen. Wichtig ist allein, sich die Ziele zu vergegenwärtigen. Setzen sie sich hin und erstellen eine Liste mit den fünf wichtigsten Zielen. Später prüfen Sie die Einhaltung der Ziele. In Bezug auf Umsätze, Gewinn oder neue Mandate ist die Prüfung der Zielerreichung am einfachsten. Wenn ihr Ziel ist, den Jahresumsatz um 20% zu steigern, ist das messbar, ebenso, wenn Sie sich vornehmen, 50 zusätzliche Mandate im Jahr zu akquirieren. Andere psychologische Momente sind allerdings weniger messbar: wenn ihr Ziel darin liegt, mehr Spaß an der Arbeit zu haben, so werden sie das aus einem Gefühl beantworten. Auf der anderen Seite lässt sich die Empirie auch an dieser Stelle einsetzen. So haben Sie sich möglicherweise entschieden, ein neues Klientel anzusprechen, das im Umgang angenehmer ist. Anhand der Mandatseingänge in diesem neuen Bereich können Sie sich die Einhaltung des Ziels erklären.

Was müssen Sie für ein erfolgreiches Marketing mitbringen? Für den Social Media-Bereich gilt grundsätzlich nichts anderes, als in der Offlinewelt: Sie benötigen Einfühlungsvermögen, Kreativität und müssen über Einsatzbereitschaft verfügen.

Einfühlungsvermögen bedeutet, dass Sie sich in Menschen hineinversetzen und Ihre Bedürfnisse verstehen müssen. Wenn ein Mandant Sie aufsucht, weil sein Arbeitgeber ihm gekündigt hat, so erwartet er von Ihnen, dass Sie ihn sicher durch die unruhige Zeit bringen, ihn entweder zurück an seine Position versetzen oder mit dem Arbeitgeber eine finanzielle Regelung treffen, die Ihrem Mandanten Sicherheit für die Suche nach einer neuen Stelle gibt. Der Mandant erwartet am Ende nicht die Übergabe einer Fülle von Papier, mit dem Sie dokumentieren, wie viel Sie getan haben. Oder ein time-sheet über die Abläufe. Bittet Sie Ihr Mandant um die Erstellung oder Prüfung eines Vertrags, so geht es ihm nicht darum, vier Seiten Papier in den Händen zu halten, sondern er will ein ruhiges Gewissen und Sicherheit für die Zukunft.

Kreativität ist eine Eigenschaft, mit der man gedanklich nicht zu allererst Juristen in Verbindung bringt. Auf der anderen Seite müssen Sie das Rad auch nicht neu erfinden. Es genügt, gute Ideen von anderen für den eigenen Bereich einsetzbar zu machen.

Für einen Erfolg im Social Media muss bei Ihnen Einsatzbereitschaft vorhanden sein. Sie müssen viel Zeit aufbringen und diesen Zeitaufwand bringt Ihnen zunächst kein Geld. Zudem ist die Akquisition neuer Mandate über Soziale Medien nicht anders, als in Ihrem Business Club oder auf der Teilnahme von Veranstaltungen: Es kann sein, dass sich lange Zeit gar nichts tut. Schließlich ist nicht jeder Kontakt ein Treffer.

▶ **Fragen**

- Sind Sie bereit, dem Einsatz von Social Media zur Generierung von Kontakten und Mandanten einen Teil Ihrer Arbeitszeit einzuräumen?
- Gibt es dabei Faktoren, die Sie stärken?
- Sehen Sie mögliche Schwächen oder Risiken?

II. Public Relations

Die klassische Welt der Massenmedien ist im Umbruch. Inhalte verlagern sich mehr und mehr ins Netz, immer mehr Personen nutzen ausschließlich das Internet. Schauen Sie sich einmal an, wer in öffentlichen Verkehrsmitteln noch Print-Ausgaben von Zeitungen liest. Das ist mittlerweile namentlich in den Großstädten, eine Minderheit. Eine Vielzahl nutzt mobile Geräte, um sich die News anzuschauen. Daneben ist vor allem die Macht der traditionellen Medien wie Fernsehen, Rundfunk und Presse im Bezug auf die Auswahl der Information gesunken. Nicht nur das, was in diesen Massenmedien berichtet wird, ist von Relevanz, vielmehr haben auch Communities und Soziale Netzwerke Positionen zu Themen oder generieren selbst Neuigkeiten abseits von den ausgetretenen Pfaden.

Nehmen wir ein prominentes Beispiel:

Als Thilo Sarrazin im August 2010 sein neues Buch »Deutschland schafft sich ab« vorstellte, waren sich in den ersten Tagen Politik und sämtliche Massenmedien einig, dass Dr. Sarrazin zu weit gegangen wäre und er seines Posten bei der Bundesbank enthoben werden müsste. In der Parteien- und Massenmedienlandschaft bestand dafür ein allumfassender Konsens. Dieser Konsens wurde letztlich durch die Diskussion der Bürger im Netz auf den Websites der Parteien, der Zeitungen und insgesamt im Austausch in Social Media Communities umgekehrt. Pointiert betrachtet heißt das, dass Dr. Sarrazin ohne die sozialen Medien heute geächtet wäre und keinerlei Ansehen genösse. Ein Beispiel für die meinungsbildenden Kräfte von Social Media.

Daneben gibt es genügend andere Beispiele in der letzten Zeit, in der das Web 2.0 Meinungen in der Medienlandschaft gestaltet hat.

Die traditionellen Medien haben diesen Bedeutungswandel erkannt. Nach dem sie sich noch einige Zeit eher verächtlich auf den Standpunkt stellten, ein Blogger würde ohne Einhaltung von journalistischen Sorgfaltspflichten reine Meinungsmache betreiben, findet sich jetzt auf fast allen Seiten der Onlineausgaben der Zeitungen und Zeitschriften eine Einbindung verschiedener Blogger. Das zeigt dass Blogs wesentlich ernster genommen werden als noch vor zwei Jahren.

Wie bei der traditionellen Öffentlichkeitsarbeit hat Public Relations die Aufgabe, Beziehungen mit Meinungsführern aufzubauen und zu pflegen, ferner Inhalte mit Neuigkeits- und Mehrwert bereitzustellen und zu verbreiten. Beachten Sie aber: Sie stellen Inhalte für bestimmte Zielgruppen bereit, müssen den entsprechenden Zielgruppen im Netz aber auch zuhören. Die Nutzer nehmen ihre Möglichkeit zur Interaktion wahr und erwarten von Ihnen eine schnelle Reaktion. Der bloße Auswurf von Pressemitteilungen wird bestenfalls neutral entgegengenommen und im schlimmeren Fall als bloße Störung empfunden. Letztendlich gilt nichts anderes als im normalen Leben: Es geht um langfristiges Engagement. Der Aufbau von Beziehungen braucht Zeit und Glaubwürdigkeit und Vertrauen sind auch nicht an einem Tag zu erwerben. Sie besitzen jedoch die Möglichkeit, gleichgültig ob Einzelkanzlei oder größere Sozietät, ihren Namen bekannt zu machen. Schauen Sie sich die Blogs auf JuraBlogs an: Dort machen sich Anwälte einen Namen, unabhängig davon, ob Sie in einer noblen Großkanzlei mit Elbblick in der Hamburger Hafencity sitzen oder in einer kleinen Kanzlei in Berlin-Wedding.

III. Information

Natürlich können Sie Soziale Medien auch nutzen, um Informationen zu gewinnen. Die Vielfalt an Informationen im Netz ist groß und die Ergebnisse werden immer besser. Allerdings ist es gelegentlich noch erforderlich, richtige Informationen von falschen Informationen zu trennen. Die Frageportale, also solche Seiten, wo Nutzer Fragen stellen können und dann kurzfristig eine Antwort erhalten, sind mit Vorsicht zu genießen; dort tummeln sich juristische Laien mit ihrer ganz eigenen Art, Rechtsfragen zu lösen.

Ein gutes Informationsmedium für alle Sparten des Rechts ist »Legal Tribune Online« (www.lto.de). Reputierte juristische Autoren aus der Anwaltschaft, aus der Justiz und aus den Hochschulen nehmen zu aktuellen Ereignissen mit juristischem Hintergrund Stellung. Als Nutzer kann man sich registrieren und selbst im Rahmen der Kommentarfunktion Stellung nehmen. Fast alle Fachverlage verfügen über juristische Informationen und Blogs. Auf JuraBlogs und Juratweet finden Sie eine große Anzahl von bloggenden und twitternden Kollegen.

Weitere interessante Seiten:

- http://community.beck.de/
- http://www.haufe.de/
- http://www.jusmeum.de/
- http://marktplatz-recht.de/

IV. Recruiting/Human Ressources

Soziale Netzwerke sind ein guter Bereich, um für Anwälte passendes Personal zu finden, vom Anwaltskollegen bis zu Bürokräften. XING und LinkedIn sind für Kanzleien ein guter Weg, um potenzielle Mitarbeiter zu rekrutieren. Unter Jobs und Karriere bei XING ist es möglich, Jobanzeigen einzustellen. Die Auswahl geht über eine einfache Anzeige, die per Klick abgerechnet wird bis zu teuer gestalteten Anzeigen. Im Einzelfall kann sich auch eine Recruiter-Mitgliedschaft lohnen.

Bei LinkedIn können sie gleichfalls Anzeigen starten, mit einem Festpreis für 30 Tage. Auch Recruiter-Services sind vorhanden.

Auf der anderen Seite nutzen eine Reihe Personaler die Social Media-Kanäle, um Informationen über Bewerber zu erlangen, die über die Bewerbungsunterlagen hinausgehen. Zur rechtlichen Problematik unter Kapitel 26 mehr.

# Teil 2   Social Media-Plattformen und ihre Nutzung

Kapitel 4 Einführung

Bei Social Media denkt man erst einmal an die Sozialen Netzwerke. An vorderster Front steht Facebook mit mehreren 100 Mio. Mitgliedern in aller Welt. Facebook ist als freizeitorientiertes Netzwerk gestartet, mittlerweile präsentieren sich jedoch auch viele Unternehmen auf dem Netzwerk. Die klassischen berufsorientierten Netzwerke sind XING und LinkedIn. Weitere Formen von sozialen Medien sind Blogs. Mit diesen Medien werden Meinungen, Gerüchte und auch Hintergrundinformationen verbreitet. Blogs werden in der Regel von einzelnen Personen betrieben. Auch im Anwaltsbereich existieren verschiedene Blogs. Auf der Seite www.jurablogs.com befindet sich eine gute Übersicht. Eine Unterform ist das sogenannte Microblogging. Twitter ist das prominenteste Beispiel für dieses Microblogging. Das bedeutet, dass nur eine bestimmte Anzahl von Zeichen erlaubt ist (bei Twitter 140 Zeichen, die dann mit einem Anhang verwendet werden können, z.B. einem Link oder einem Foto). Ferner existieren sogenannte Wikis. Wikis sind offene Autorensysteme für Webseiten. Es handelt sich dabei um Onlineenzyklopädien zu allen möglichen Themen. Die Artikel werden vom Benutzer erstellt. Bekanntestes Wiki ist die Plattform Wikipedia.

Kapitel 5 Wichtige Seiten

Die Anzahl der Sozialen Medien vermehrt sich rapide, sodass ich in dem Buch lediglich die größeren Netzwerke und Medien darstelle, die für Anwälte von Interesse sind. Folgen Sie mir durch die Welt der Netzwerke. Was sind das für Plattformen, wie sind die Voraussetzungen ihrer Nutzung, wonach muss ich mich richten und wie funktionieren die Seiten?

I. Und hier sind sie – die Celebrities der Networking-Szene

1. Facebook

Facebook wurde im Jahre 2004 gegründet. Zunächst wurde das Soziale Netzwerk für Harvard-Studenten betrieben, entwickelte sich dann aber rasant zum weltweit unangefochten größtem Sozialen Netzwerk. Mittlerweile gibt es auf Facebook über 750 Mio. Nutzer. Das entspricht ¼ der Bevölkerungszahl. Allein in der Bundesrepublik Deutschland sind 20 Mio. User registriert. Facebook ist kostenlos.

Was passiert auf Facebook?

> *»Facebook ermöglicht es Dir, mit den Menschen in Deinem Leben in Verbindung zu treten und Inhalte mit diesen zu teilen«*

heißt es auf der Start-Seite. Damit ist schon vieles gesagt. Der registrierte Nutzer erstellt eine Profilseite mit Informationen zu seiner Person. Er kann dann mit Freundschaftsanfragen an Nutzer herantreten und sie in seine Liste aufnehmen. Auf der Seite selbst kann er Nachrichten, Fotos und Videos posten, die dann von Freunden oder von allen Nutzern eingesehen werden können. Noch immer gilt Facebook als freizeitorientiertes Netzwerk. Getreu dem vielzitierten Motto: »Man muss den Kunden dort abholen, wo er steht« haben jedoch viele Unternehmen den Schritt zu Facebook unternommen. Facebook ist also im Wandel.

Auf der Seite www.facebookbiz.de lassen sich Angaben zu den Nutzerzahlen und zur Zusammensetzung der Nutzer finden, so unter anderem eine Aufteilung nach Altersgruppen. Je nach Fachgebiet werden unterschiedliche Altersgruppen für Rechtsanwälte interessant sein. 17 % der Facebook-Nutzer sind bis 17 Jahre alt, 28 % sind zwischen 18 und 24 Jahre alt. Die wohl interessantesten Gruppen sind die Altersgruppen zwischen 25 und 63 Jahren. Diese machen 53 % der Nutzer aus. Es ist also durchaus nicht so, dass es sich um Personen handelt, die Ihnen erst in ferner Zukunft ein Mandat übertragen können.

2. XING

XING wurde im Jahr 2003 in Hamburg gegründet und wurde bis zum Jahre 2006 unter dem Namen openBC geführt. Über 11 Mio. Nutzer soll es weltweit geben, davon 5 Mio. Nutzer im deutschsprachigen Raum. Das ist nicht viel im Vergleich zu Facebook, liegt jedoch in der Natur der Sache. Facebook richtet sich grundsätzlich an jeden. Das Motto auf der Startseite von XING lautet:

> *»Auf XING vernetzen sich Berufstätige aller Branchen, sie suchen und finden Jobs, Mitarbeiter, Aufträge, Kooperationspartner, fachlichen Rat oder Geschäftsideen.«*

XING ist ein Berufstätigen-Netzwerk und zwar vor allem für solche Personen, die von Networking profitieren. XING kann kostenlos genutzt werden. Möglich ist jedoch auch eine kostenpflichtige Mitgliedschaft, die dem Nutzer mehr Funktionen und Möglichkeiten bietet.

Nach der Registrierung kann man einen Account mit Namen, aktueller Tätigkeit und Lebenslauf verfassen. Die Mitglieder können sich in ca. 50.000 Fachgruppen austauschen. Es gibt auch viele Offline-Events, auf denen sich die Mitglieder persönlich kennenlernen können.

XING wird von Anwälten bereits intensiv genutzt. Nahezu für jedes anwaltliche Thema ist eine Gruppe vorhanden, die Streuung geht über die reinen Fachanwaltschaften hinaus. Daneben engagieren sich viele Anwälte in den Gruppen spezieller Branchen (z.B. Arbeitsrechtler in der Gruppe »Human Ressources« und IT-Rechtler in der Gruppen »Online-Shops«). Mitglieder können eigene Gruppen gründen und diesen Gruppen als Moderatoren vorstehen. Der Bekanntheitsgrad des Moderators ist ungleich größer als der des einzelnen Mitglieds der Gruppe. Es kann sich lohnen, sich so »in Szene« zu setzen.

Auf der Start-Seite von XING findet sich ein Video, dass XING in 120 Sekunden erklärt. Für diejenigen Anwälte, die XING überhaupt noch nicht kennen, ist das ein Einstieg.

3. LinkedIn

LinkedIn wurde im Jahre 2003 gegründet. Es ist als berufsorientiertes Netzwerk das internationale Pendant zu XING mit einer Mitgliederzahl von 120 Mio. Seit Anfang 2009 ist LinkedIn auch in deutscher Sprache verfügbar. LinkedIn hat im deutschsprachigen Raum in den letzten Jahren an Boden gewonnen, konnte den Platzhirsch XING aber bislang nicht verdrängen. Die Mitgliederzahl in der Bundesrepublik dürfte bei einer Million liegen. Das Motto:

> *»Über 120 Mio. Fach- und Führungskräfte nutzen LinkedIn, um Informationen, Ideen und Karriere- und Geschäftschancen auszutauschen.*
> *– Bleiben Sie auf dem neuesten Stand über Ihre Kontakte und Ihre Branche*

- *Finden Sie gezielt die Personen und das Fachwissen, um Ihre Ziele zu erreichen*
- *Verwalten Sie Ihr Karriereprofil online«*

heißt es auf der Startseite. Die Marschrichtung ist damit die gleiche wie bei XING. Ebenso ist die Präsentation des Mitglieds mit Angaben zur beruflichen Stellung und zum Werdegang ähnlich. LinkedIn wird von vielen Mitgliedern in Deutschland lediglich als Online-Adressbuch genutzt, während auf XING mehr Zeit verbracht wird und tatsächliche Kontakte geschaffen werden. Für Anwälte mit internationaler Ausrichtung ist LinkedIn eine sinnvolle Ergänzung, da LinkedIn aufgrund der großen internationalen Anzahl von Mitgliedern dem auf den deutschsprachigen Raum ausgerichteten Netzwerk XING deutlich überlegen ist.

4. Twitter

Twitter ist ein Microblogging-Dienst, der im Jahr 2006 gegründet wurde. Das Netzwerk wird von Privatpersonen, Unternehmen und Massenmedien genutzt. Im Jahr 2011 lag die Zahl der Nutzer in Deutschland bei 500.000. Twitter geht weltweit von 170 Mio. Nutzern aus, diese Zahl wird jedoch infrage gestellt. Entgegen den anderen Netzwerken ist es bei Twitter so, dass ein Großteil der Nutzer nur wenig Zeit auf der Twitter-Seite verbringt.

Registrierte Nutzer können eigene Textnachrichten mit maximal 140 Zeichen eingeben. Diese Beiträge werden als »tweets« bezeichnet. Übersetzt auf Deutsch wird also »gezwitschert«. Zwitschern ist ein schönes Bild für die Form der Kommunikation. Nach Registrierung kann das Mitglied einige Informationen zu seiner Person bzw. zum Unternehmen abgeben. Das Wesentliche sind jedoch die Kurznachrichten, die das Mitglied verfassen kann. Diese Nachrichten werden an die sogenannten »Follower« verbreitet. Das Mitglied kann auch selbst anderen Diensten folgen und dann deren Nachrichten auf seiner Plattform lesen.

5. Google+

Google+ ist ein soziales Netzwerk von Google, das erst im Juni 2011 gestartet wurde. Google+ versuchte zu Beginn den sogenannten Apple-Effekt (sich rar machen) zu nutzen: Nicht jeder, der teilnehmen wollte, konnte das auch tun. Die Mitgliedschaft war nur über eine Einladung möglich. Seit September 2011 ist die Registrierung als Mitglied ohne weiteres möglich. Mittlerweile soll die Mitgliederzahl bei ca. 45 Mio. weltweit liegen, Tendenz steigend. Immer wieder gibt es jedoch Nachrichten, dass Google+ stagniert. Es ist nicht abschließend abzusehen, wie der Dienst sich entwickeln wird, ich nehme jedoch an, dass Google+ seinen Platz innerhalb der Sozialen Netzwerke finden wird. Der Dienst wurde von Google als direkter Konkurrent zu Facebook gegründet. Wie bei Facebook kann der Nutzer Nachrichten posten. Im Unterschied zu Facebook ist es jedoch möglich, dass die Beziehung bei Google+ einseitig sein kann. Das Mitglied kann seine Kontakte in verschiedene Kreise einteilen, und Informationen gezielt bestimmten Personen zukommen lassen.

6. YouTube

YouTube? Ist das nicht ein Kanal, wo Jugendliche Musikvideos hochladen und anschauen? Richtig, YouTube ist ein Videokanal. Etwas fremd für den Anwalt, aber auch die Nutzung dieser Plattform ist möglich, um potenzielle Mandantschaft anzusprechen. Die Politik nutzt sogenannte podcasts schon lange zur Selbstdarstellung. Angela Merkel stellt auf ihre Seite www.bundeskanzlerin.de regelmäßig Videobotschaften ein. Vor noch wenigen Jahren war die Veröffentlichung von eigenen Video-Botschaften finanziell und technisch aufwändig. Mittlerweile sind professionale Videoaufnahmen auch für mittelständische Anwälte erschwinglich.

7. Weitere bekannte Netzwerke

Es gibt noch eine Vielzahl mitgliederstarker Netzwerke, die ich hier nur in einer Liste aufführe:

- studivz.net
- Wer kennt wen.de
- Myspace.com
- netlook.de
- Lokalisten.de

8. Blogs

Ein Blog ist ein Internettagebuch. Der Blogger stellt chronologisch geordnet Informationen auf die Seite, die von Dritten kommentiert werden können. Auf der Seite JuraBlogs findet sich eine Übersicht über juristische Blogs und deren Anzahl: Mit Stand vom 11.10.2011 gab es 513 solcher Blog-Dienste, die dort gelistet waren.

JuraBlogs.com ist ein Portalangebot, erstellt und veröffentlicht keine eigenen Inhalte. Die Meldungen, die bei JuraBlogs.com erscheinen, stammen sämtlich von den Autoren der teilnehmenden Blogs und werden automatisiert über ein Feed, die den Blogbetreiber implementieren, eingespeist. Bei den Inhalten handelt es sich häufig um Fälle aus dem eigenen beruflichen Alltag.

9. Wikis

Wikis sind Systeme für Webseiten, deren Inhalte von den Benutzern nicht nur gelesen, sondern auch online direkt geändert werden können. Erleichtert wird diese

Möglichkeit durch ein vereinfachtes Contentmanagementsystem. Am bekanntesten unter den Wikis ist die Online Enzyklopädie-Wikipedia. Wikis werden nicht nur online eingesetzt, sondern auch in Unternehmen, um dort das Wissen eines Unternehmens zu erfassen. Ein bekanntes Wiki für Juristen ist Jurawiki.de.

10. Ein alter Bekannter: Der Newsletter

Newsletter sind Ihnen selbstverständlich bekannt. Sie existieren im Kanzleialltag schon seit vielen Jahren. Aus diesem Grunde möchte ich nur kurz auf dieses Instrument eingehen. Wenn Sie einen Newsletter im Rahmen Ihres Blogs oder Ihrer Website anbieten, sollten sie sich bei jeder Ausgabe die Frage stellen, welchen Nutzen der Empfänger davon hat. Ein redaktionell gestalteter Newsletter hat größere Chancen, gelesen zu werden, als ein Standard-Newsletter mit gekauften Inhalten. Der Standard-Newsletter ist praktisch, weil Sie keinen Aufwand damit haben, aber der Informationsgehalt ist lediglich als mittelmäßig zu betrachten. Wir sind wieder bei der alten Regel: Social Media kostet Zeit.

Die Anrede spielt eine große Rolle. E-Mail-Newsletter mit einer persönlichen Anrede des Empfängers werden weitaus häufiger geöffnet als solche mit einer unpersönlichen Anrede.

Verwenden Sie ein wenig Mühe auf die Betreffzeile. Das Interesse des Empfängers, den Newsletter zu lesen, soll geweckt werden.

Gestalten Sie den Newsletter anschaulich: die wichtigste Meldung stellen Sie nach oben. Konzentrieren Sie sich auf die wesentlichen Informationen und schreiben sie in kurzen und leicht verständlichen Sätzen. Eine weitere Möglichkeit, den Text zu strukturieren, geben Zwischenüberschriften, Absätze oder Aufzählungszeichen. Achten Sie darauf, dass die Schriftgröße lesefreundlich ist, Größen von 11 oder 12 dürften die Regel sein.

Sie sollten dem Zeitpunkt des Versands von Newslettern Beachtung schenken. Nach einer Studie der Newsmarketing GmbH aus dem Jahre 2009 sollen die meisten Newsletter am Sonntagnachmittag gegen 15:30 Uhr geöffnet und gelesen werden. Ungünstigster Zeitpunkt für den Versand soll der Donnerstagmorgen sein. Falls Sie Newsletter während der Woche versenden, sollten Sie das am Nachmittag tun, denn die Wahrscheinlichkeit, dass der Newsletter gelesen wird, ist nach der Studie höher als am Vormittag.

II.   Kleine Starthilfe: Wie soll es losgehen?

Wenn Sie in den Sozialen Medien überhaupt noch nicht präsent sind, empfehle ich ein langsames Herantasten. Sofort loslegen und auf allen Plattformen Profile anlegen, mag auf den ersten Blick attraktiv erscheinen, es besteht jedoch die

Gefahr, dass sie sich selbst in den verschiedenen Medien verlieren und statt eines funktionierenden Social Media-Marketings nur ein paar Baustellen geöffnet haben. Im Folgenden beschreibe ich die einzelnen Netzwerke näher. Schauen Sie sich die Plattformen an und entscheiden Sie dann, womit Sie beginnen. Sicherlich ist es noch am einfachsten, zunächst Profile auf XING oder LinkedIn anzumelden. Dort sind erst einmal ein Foto und ein Überblick über den bisherigen Werdegang ausreichend.

Kapitel 6 Die Basics der Nutzung

I. Die Registrierung

Für die Teilnahme an den Sozialen Netzwerken ist eine Registrierung notwendig. Das kennen Sie von vielen anderen Diensten im Internet. Sie wollen schließlich nicht anonym bleiben, sondern unter Ihrem Namen handeln und ihre Kanzlei bekannt machen.

Der erste Schritt beginnt also damit, dass sie ihre persönlichen Daten in die Registrierungsmaske eintragen – selbstverständlich setzt das die Entscheidung voraus, überhaupt Mitglied werden zu wollen. Anwälte sind schon aus beruflicher Sicht nicht besonders auskunftsfreudig. Es fällt Ihnen daher sicher leicht, zu entscheiden, welche Daten Sie angeben möchten und welche nicht. Machen Sie sich kurz Gedanken darüber und werfen Sie einen Blick auf die Nutzungs- und Datenschutzbedingungen, um zu sehen, was mit ihren Daten passiert. Das können Sie bereits vor der Registrierung tun. Meist unten auf der Seite befinden sich Links, die auf AGB, Nutzungsbedingungen, Richtlinien und Datenschutz verweisen. Ein Tipp: Ich bin seit Jahren mit der juristischen Prüfung von Internet-AGB und Datenschutzbestimmungen beschäftigt. Ich kenne noch eine Zeit, in der man Informationen nicht elektronisch aufnahm, sondern allein über Printmedien. Wenn das für Sie auch gilt, empfehle ich Ihnen, die Bedingungen auszudrucken und dann zu lesen. Das fällt vielen leichter, als es auf dem Bildschirm zu tun. Wenn Sie aber bereits Digital Native sind, haben Sie vermutlich einen anderen Zugang und Ihnen erscheint ein Ausdruck überflüssig.

Bei der Registrierung auf einem Sozialen Netzwerk erfolgt in der Regel die Zustimmung zu den AGB- und Datenschutzbestimmungen per opt-in, also durch einen Klick auf ein Kästchen, in den ein Haken gesetzt wird. Wird das Feld nicht angeklickt, so ist ein Abschluss der Registrierung nicht möglich.

Ich erzähle Ihnen nichts Neues, dass Sie, wenn Sie ein Profil für ihre Kanzlei bzw. ihre rechtsanwaltliche Tätigkeiten errichten, aus AGB-rechtlicher Sicht als Unternehmer und nicht als Verbraucher gelten. Der hohe Verbraucherschutzstandard des AGB-Rechts kommt ihnen also nicht zugute. »Können Sie so hinnehmen, ist ohnehin unwirksam« – diese Empfehlung, die sie als Anwalt einem Verbraucher geben, der mit einem vorformulierten Vertragsentwurf hadert, findet Ihnen gegenüber allenfalls eingeschränkt Anwendung.

II. AGB/Nutzungsbedingungen

Werfen Sie einen Blick auf die AGB bzw. die Nutzungsbedingungen, bevor Sie auf einer Plattform einsteigen. Da die Sozialen Medien ähnliche Strukturen besitzen, sind auch die AGB in der Regel nicht grundverschieden. Die Hauptklauseln der AGB und Nutzungsbedingungen betreffen Fragen der Registrierung, legen Verhaltenspflichten des Mitglieds für die Nutzung der Dienste fest, ferner Haftungsregelungen und Fragen der Beendigung des Dienstes. Da einige der großen Sozialen Netzwerke ihren Sitz in den Vereinigten Staaten haben, werden auch Fragen des anwendbaren Rechts und des Gerichtsstands geregelt.

1. Registrierung

Das kleinste Problem bieten noch die Vorschriften zur Registrierung. Die dort häufig anzufindenden Klauseln, dass richtige Daten angegeben werden müssen und nicht etwa Pseudonyme oder falsche Angaben, stellt für Unternehmen, namentlich für Anwälte, kein Problem dar. Sie wollen schließlich unter ihrem Namen auftreten.

Ganz so unwichtig ist es dann aber doch nicht. So heißt es bei Facebook:

> »Wenn Du einen Nutzernamen für dein Konto auswählst, behalten wir uns das Recht vor, diesen zu entfernen oder zurückzufordern, sollten wir dies als notwendig erachten (z.B., wenn der Inhaber einer Marke eine Beschwerde über einen Nutzernamen einreicht, welcher nicht dem echten Namen eines Nutzers entspricht).«

Nehmen wir also an, Sie treten unter dem Namen ihrer Kanzlei an, der ein Fantasiename sein kann. Ein Dritter macht Namensrechte geltend – schon kann es Probleme geben. Nun ja, nichts Neues, werden Sie sagen. Es gab doch schon in den 90er Jahren Streitigkeiten um Internet-Domains. Der kleine Unterschied ist allerdings, dass Sie auf eine Abmahnung wegen einer Internet-Adresse sofort rechtlich reagieren können – sei es mit einer Schutzschrift oder später im Verfahren. Facebook kann sie allerdings vor vollendete Tatsachen stellen, indem Ihr Unternehmensprofil gesperrt wird. Selbstverständlich sind sie nicht rechtlos gestellt. Aber nun müssen Sie Ihrem Recht hinterherlaufen und haben leider einen Dienst auf der anderen Seite des Atlantiks sitzen, dem ihre Probleme wegen einer Sperrung nicht ganz so wichtig sind und den die Androhung hoher Schadensersatzforderungen kalt lässt.

2. Lizenzierungsklauseln

Das Mitglied gibt dem sozialen Netzwerk eine weltweite Lizenz für die Nutzung der entsprechenden Inhalte, die online gestellt werden. Das ist auf der einen Seite verständlich, denn ansonsten könnten die Inhalte des Mitglieds nicht gepostet werden. Auf der anderen Seite stellt sich aber die Frage, ob diese Lizenzen lediglich für die Erbringung des Dienstes erteilt werden oder noch weitergehend.

3. Verhaltensrichtlinien

Bei allen Diensten muss beachtet werden, dass man nur »Mieter« ist. Das bedeutet, man muss sich gewissen Verhaltensrichtlinien unterwerfen, die der Anbieter stellt.

Die Dienste verbieten bestimmte Verhalten bei Nutzung der Plattformen. So dürfen keine Spams oder Viren verbreitet werden, es darf nicht auf die Konten anderer Personen zugegriffen werden und Sie dürfen keine strafrechtlich relevanten Inhalte auf die Seiten stellen. Für uns Anwälte stellen solche Verhaltensanforderungen kein Problem dar. Wir sind schon aus berufsrechtlichen Gründen gehalten, mit Informationen sorgsam umzugehen, durch die BRAO verpflichtet, niemanden ungebührlich auf die Nerven zu gehen, um es mal salopp auszudrücken. Dennoch sollten sie im Hinterkopf behalten, dass es den Betreibern der Netzwerke immer ohne weiteres möglich ist, ihr Profil zu sperren. Recht hin oder her, zunächst einmal ist es so.

Schauen wir auf Ziffer 14 der Nutzungsbedingungen von Facebook:

> »*Wenn Du gegen den Inhalt oder den Geist dieser Erklärung verstößt oder anderweitig mögliche rechtliche Risiken für uns erzeugst, können wir die Bereitstellung von Facebook für Dich ganz oder teilweise einstellen. Wir werden Dich per E-Mail oder wenn Du Dich das nächste Mal für Dein Konto anmeldest, darüber informieren.*«

Da zeigt es sich: Im Zweifel wird Facebook kurz und schmerzlos mit dem Profil umgehen. Der Nutzer erhält eventuell eine E-Mail, vielleicht noch nicht einmal das, sondern nur einen Hinweis bei der nächsten Registrierung, dass er am Dienst leider nicht mehr teilnehmen kann. Das erinnert an die Berichte über Kündigungen von Beschäftigten in Großbritannien oder den Vereinigten Staaten, deren Karte für den Zugang zum Unternehmen plötzlich gesperrt ist und die erst auf Nachfrage über ihre Kündigung informiert werden.

► **Beispiel**

Twitter in seinen Grundbedingungen:
»Die von Twitter angebotenen Services werden kontinuierlich weiter entwickelt. Demzufolge können sich die Formen und/oder Inhalt des Services ohne vorherige Ankündigung ändern.«
»Twitter behält sich vor, die Bereitstellung der Services (oder sonstige Funktionen innerhalb der Services) zeitbeschränkt oder permanent für einzelne

und/oder alle Benutzer ohne Angabe von Gründen oder vorheriger Ankündigung abzubrechen.«

Wenn Sie auf Twitter aktiv sein möchten, müssen Sie das akzeptieren. Die Wahrscheinlichkeit, dass Twitter sich von heute auf morgen verabschiedet, ist sicherlich gering. Dennoch: Was geschieht eigentlich dann mit den Inhalten, auf die Sie gerne noch Zugriff hätten? Ein Denkanstoß, wichtige Inhalte nicht lediglich auf einem Sozialen Netzwerk bereit zu halten, sondern an anderer geeigneter Stelle zu speichern und zu sichern.

Ein weiteres Beispiel von Twitter geht in eine ähnliche Richtung:

▶ **Beispiel**

»Einschränkungen der Inhalte und Nutzung des Services:
Wir behalten uns das Recht vor (sind aber nicht dazu verpflichtet), Inhalte zu löschen oder die Verteilung zu verweigern, Mitgliedschaften zu beenden oder Nutzernamen zurückzufordern.«

4. Klauseln zu ausländischem Recht und zur Zuständigkeit ausländischer Gerichte

Vergessen Sie nicht, dass einige Soziale Netzwerke aus den USA in den Nutzungsbedingungen das Recht von amerikanischen Bundesstaaten und die Zuständigkeit der dortigen Gerichte vereinbaren. Juristische Auseinandersetzungen werden also nicht leicht zu führen und Ansprüche nicht einfach durchzusetzen sein, selbst wenn Sie eindeutig im Recht sind.

Das User Agreement bei LinkedIn ist auf Englisch. Auch bei diesem Dienst ist zu beachten, dass es sich um einen Anbieter aus den USA handelt und bei Auseinandersetzungen die Rechtsdurchsetzung schwierig werden wird.

5. Kündigung bei kostenpflichtigen Diensten

XING besitzt den Vorteil, dass es sich um einen Anbieter aus Deutschland handelt und Streitigkeiten damit tatsächlich notfalls gerichtlich gelöst werden können. Für das Mitglied sind die Kündigungsfristen für kostenpflichtige Prämienmitgliedschaften in Ziffer 6 interessant.

▶ **Merke**

Als Mitglied in einem Sozialen Netzwerk sind Sie nicht Eigentümer, sondern bloß »Mieter«.
Wer einen Vertrag schließt, sollte die Vertragsbedingungen kennen.

Kapitel 7 Datenschutz

I. Datentransfer in die USA/Drittstaaten außerhalb der Europäischen Union

Registrieren Sie sich bei einem Social Media-Anbieter mit Sitz in den Vereinigten Staaten, muss Ihnen bewusst sein, dass Daten in die USA transferiert werden. Die USA sind das Land der unbegrenzten Möglichkeiten und das gilt grundsätzlich auch für Ihre Daten, denn das Datenschutzniveau in den amerikanischen Bundesstaaten entspricht in keiner Hinsicht dem hohen Niveau des bundesdeutschen Datenschutzrechts.

II. Privacy is over?

Sie werden es schon gehört haben: Der Datenschutz ist bei den Sozialen Netzwerken ein leidiges Thema. Eine Fülle von Datenschützern haben Facebook aufs Korn genommen, aber auch andere Social Networks aus den USA. Woran liegt das? Die Geburt der Sozialen Netzwerke hat einen anderen Umgang mit personenbezogenen Daten hervorgebracht, als wir ihn bisher kannten. Das informationelle Selbstbestimmungsrecht, das vom Bundesverfassungsgericht im Jahre 1983 in den Grundrechtestand erhoben wurde, heißt: »Jeder kann selbst darüber entscheiden, wie mit seinen personenbezogenen Daten umgegangen wird.« Im Grunde hat diese Regel auch im Zeitalter der Sozialen Netzwerke ihre Bedeutung: Das Recht, frei über meine Daten zu verfügen, bedeutet auch, dass ich alle zu meiner Person gehörenden Daten einer Vielzahl von Menschen bzw. der Öffentlichkeit insgesamt zur Verfügung stellen kann. So hatten die Richter vermutlich damals allerdings nicht gedacht. Es geht darum, dass kein Dritter berechtigt ist, ohne meine Zustimmung meine Daten weiter zu verbreiten oder zu nutzen. Und hier kommen wir an die Grenzen des Datenschutzes: Wenn Sie auf Twitter eine Information zu einer Entscheidung oder einem Vorgang geben, wird er schnell retweetet und es wird Ihnen nicht gelingen, die Verbreitung ihres Statements einzudämmen. So ist es auch nicht gedacht. Das System der Sozialen Medien beruht auf Kommunikation und deren Verbreitung. Dennoch muss dem Spruch des Facebook-Gründers Mark Zuckerberg »Privacy is over« ein Regulativ entgegengestellt werden. Als Nutzer eines Sozialen Netzwerkes muss ich die Möglichkeit besitzen, unterschiedliche Formen von Privatsphäre ausüben zu können. Da soll es nicht anders als im »normalen« Leben sein: Dem Lebenspartner oder Freunden gibt man Informationen, die man Bekannten oder Arbeitskollegen niemals preisgeben würde. Bedauerlicherweise verstehen das nicht alle Plattformbetreiber.

Ein Beispiel über einen allzu sorglosen Umgang mit persönlichen Daten:

▶ **Beispiel**

Im Rahmen der juristischen Prüfung eines Flirtportals, also einer Plattform, auf der sich Personen, die einen Partner suchen, austauschen und bei Gefallen treffen können, fand ich unter den Nutzungsbedingungen eine Klausel, die mich stark irritierte. Das Mitglied erklärte sich dort einverstanden, dass die Inhalte aus seinem Profil samt Fotos auch im Rahmen von Fernseh- und Printwerbung eingesetzt werden könnten, um die Chance, einen Partner zu finden, für das Mitglied zu erhöhen. Als ich diese Klausel bei dem Portal rügte, bekam ich zur Antwort, das Mitglied hätte sich mit Foto und weiteren Inhalten registriert; diese Informationen wären für die Mitglieder des Portals einsehbar. Mit der Registrierung würde das Mitglied daher seine Daten allgemein zugänglich machen, so dass man sie auch für andere Zwecke verwenden dürfe, sie eben zur Veröffentlichung in Zeitungen und Fernsehen verwenden könne. Erst mein Einwand, nicht jeder, der auf einem Partnerportal wäre, sähe es gerne, wenn er kurz vor der Tagesschau sein Bild mit dem Aufruf »Partner verzweifelt gesucht« und mit Angaben zu weiteren Vorlieben in einem Werbespot sehe, ließ den Plattformbetreiber nachdenklich werden.

Facebook bietet mit seinem künftigen Dienst »Timeline« eine beeindruckende Demonstration für einen neuen Umgang mit Daten. Das Mitglied hat genug Platz für ein eigenes Titelbild, daneben befindet sich die Timelinen-Navigation. Dort können alle geposteten Inhalte, nach Jahrzehnten unterteilt, durchsucht werden. Es ist also möglich, nun den gesamten digitalen Lebenslauf auf Facebook nachzuvollziehen. Eine gute Form, um die Nutzer an sich zu binden; denn wer seinen gesamten digitalen Lebenslauf auf einer Seite hat, wird sich vermutlich schwer überlegen, ob er den Dienst verlässt und sein Profil löscht und damit auch seine gesamten Informationen.

III. Ein Hauch von Besserung: Die Datenverwendungsrichtlinien bei Facebook

Facebook hat seine Datenschutzbestimmungen kürzlich geändert und zwar mit einem Schritt in die richtige Richtung. Unter den Datenverwendungsrichtlinien findet sich nunmehr nicht nur lediglich eine statische Datenschutzseite, auf der erläutert wird, welche Daten zu welchen Zwecken genutzt werden. Vielmehr sind die neuen Datenverwendungsrichtlinien transparenter geworden, indem Sie erläutern, welche Informationen mit welchem Personenkreis geteilt werden. Anhand von Grafiken wird diese Information anschaulich vermittelt, so dass ich Ihnen empfehle, die wichtigsten Infos einmal selbst anzuschauen. Nur kurz einige Infos hierzu:

Auf der Datenschutzstartseite ist übersichtlich geregelt, in welcher Form die Daten des Mitglieds verwertet werden. Für das Mitglied ist insbesondere interessant, wie man anhand der Privatsphäre-Einstellungen sorgsam mit Daten umgehen kann. Diese Informationen befinden sich unter der Überschrift auf der ersten Seite:

»Teilen von Inhalten und Auffinden Deiner Person auf Facebook.«

Die Posts können öffentlich, an Freunde oder benutzerdefiniert veröffentlicht werden. Sie sollten dabei im Hinterkopf haben, dass für den Fall, dass keine Auswahl getroffen wird, die letzte Privatsphäre-Einstellung Anwendung findet.

Gleiches gilt für Angaben zu dem Profil des Mitglieds. Auch hier können Inhalte öffentlich zugänglich gemacht werden oder nur mit den Facebook-Freunden oder eben benutzerdefiniert.

Gehen Sie sorgsam mit den Privatsphäre-Einstellungen um.

► **Beispiel**

Der Fall Thessa
Ein prominentes Beispiel dafür, welche gravierenden Ausmaße der unachtsame Umgang mit Einstellungen besitzen kann, bietet der Fall der Schülerin Thessa. Mit Facebook kann der Nutzer auch zu Veranstaltungen einladen, und zwar mit zwei Varianten: der Termin kann öffentlich oder privat gekennzeichnet werden. Soll er privat sein, so muss die Option »öffentlich« mit einem Häkchen deaktiviert werden. Thessa hatte vergessen, das Häkchen zu setzen und lud damit öffentlich zu ihrer Geburtstagsparty ein. Es nützte nichts mehr, dass kurze Zeit, nachdem sie den Fehler bemerkte, der Eintrag gelöscht wurde. Blitzschnell hatte sich die Nachricht über Facebook im Internet verbreitet. 15.000 Personen hatten ihr Kommen angekündigt, 1.600 Jugendliche machten sich auf den Weg in den beschaulichen Stadtteil Hamburgs, in dem Thessa wohnte. Die Polizei hatte sich positioniert und ein privater Sicherheitsdienst war ebenfalls beauftragt worden.

Ein Missgeschick, das nur einer Jugendlichen passieren kann? Nicht ganz, denn bereits kurze Zeit nach der Party bei Thessa sah sich die CDU im Ort Hasloh dem Ansturm Tausender Besucher ausgesetzt. Der Ortsverband der CDU Hasloh hatte die Veranstaltung als öffentlich bei Facebook eingestellt. Daraufhin kündigten 3.000 Personen ihr Kommen an – soviel hätte die Scheune in dem beschaulichen 3.400 Seelen-Ort wohl kaum gefasst. Die CDU sagte das Sommerfest ab.

Sie sehen: Kleine Fehler bei der Privatsphäre können große Folgen haben. Sie möchten doch sicher nicht, dass zu ihrer nächsten Kanzleifeier, die unter dem Motto »Schampus, Lachs und Kaviar« steht, hunderte von amüsierwilligen Jugendlichen anreisen. Oder eine interne Mitteilung im Büro plötzlich von allen »geteilt« wird.

Unter der Rubrik »Teilen von Inhalten mit anderen Webseiten und Anwendungen« können Sie festlegen, dass ihr Profil mit öffentlichen Suchmaschinen gefunden werden kann.

Da Facebook die Seite eines US-amerikanischen Unternehmens ist, werden Daten in den USA verarbeitet. Zwar erklärt Facebook, die Safe Harbor Regelungen einzuhalten, die einen europäischen Datenschutzstandard gewähren. Von vielen Datenschützern wird die Regelung allerdings als nutzlos angesehen. Mehr zu dieser Frage erfahren Sie unten im rechtlichen Teil.

Problematisch erscheint der Passus dass Facebook Daten an Dritte weitergeben darf, wenn ein guter Grund dafür besteht, dass Facebook rechtlich verpflichtet ist, die Daten weiterzugeben. Der Begriff des guten Grundes ist dehnbar und intransparent.

Achten Sie auf die Facebook Governance-Seite. Dort werden Änderungen der Datenschutzrichtlinien bekannt gemacht.

▶ **Daten bei Facebook**

- Datentransfer in die Vereinigten Staaten (geringeres Datenschutzniveau als innerhalb der Europäischen Union)
- Wählen Sie die richtigen Privatsphäreeinstellungen für Ihre Beiträge
- Facebook-Governance Seite beachten

IV. Umgang mit Daten auf anderen Plattformen

Bei Twitter sind die sogenannten Tweets grundsätzlich öffentliche Informationen. Allerdings gibt es die Möglichkeit, Informationen zu schützen, indem andere Einstellungen gewählt werden. In der Maske Einstellungen können Sie »Schütze meine Tweets« wählen, dann erhalten nur Personen Tweets, denen es das Mitglied erlaubt.

Bei XING ist recht übersichtlich im Datenschutz niedergelegt, welche Daten bei der Registrierung gespeichert werden, welche Daten für jedes XING Mitglied sichtbar ist und welche Daten für bestimmte Mitglieder freigeschaltet werden können. Dem Mitglied steht es offen, ob die Kontakte von allen XING-Mitgliedern eingesehen werden können oder ob nur bestimmte Kontakte bzw. niemand die Kontaktliste einsehen kann. Das XING-Profil kann auch von Nichtmitgliedern erreicht werden, wenn die Einstellungen entsprechend sind.

Bei LinkedIn handelt es sich um ein US-amerikanisches Unternehmen, sodass Daten in die USA übermittelt werden. LinkedIn erklärt, die Safe Harbor-Regelungen einzuhalten.

Google+ arbeitet mit Kreisen. In den Grundeinstellungen gibt es Freunde, Familie, Bekannte und die Option »Nur Folgen«. Je nachdem, wer meine Informationen erhalten soll, kann ich im Rahmen der Privatsphäreauswahl einstellen, ob die Infos lediglich an Freunde oder auch an Bekannte und/oder an die Öffentlichkeit gehen. Da wie Sie wissen, Google ein US-amerikanisches Unternehmen ist, werden auch hier Daten in die USA übermittelt; Google teilt gleichfalls mit, sich an die Safe Harbor-Regelungen zu halten.

Wie schon bei Facebook, so sollten Sie auch bei Google auf die richtigen Privatsphäreeinstellungen achten. Ein Beispiel für einen folgenschweren Fehler: Ein Entwickler von Google+ stellte einen Beitrag unter »öffentlich«, in dem er mitteilte, die Plattform »Google+« sei ein Paradebeispiel für das Versagen von Google, Soziale Netzwerke richtig zu verstehen. Der Entwickler hatte die Nachricht eigentlich nur unter seinen Kollegen verbreiten wollen, aber die falschen Privatsphäre-Einstellungen gewählt.

Kapitel 8 Kostenpflichtige Dienste

Kostenpflichtige Dienste sind bei den Social Media-Anwendungen heute noch wenig verbreitet. Die Nutzung von Twitter, Google+ und Facebook ist kostenlos. Ebenso sind XING und LinkedIn kostenlos, bei diesen beiden Plattformen können jedoch auch kostenpflichtige Dienste in Anspruch genommen werden.

I. Premiummitgliedschaft bei XING

Die Premiummitgliedschaft bei XING kostet für 12 Monate 5,95 € pro Monat, bei Abschluss einer Zwei-Jahres Mitgliedschaft werden 4,95 € monatlich fällig. Die Premiummitgliedschaft ist komfortabler. Vorteilhaft ist vor allem, dass man persönliche Nachrichten an Personen außerhalb der bestehenden Kontakte schreiben kann. Sie mögen zwar einwenden, dass aus berufsrechtlichen Gründen ein Herantreten an potenzielle Mandanten mit dem Ziel der Mandatserteilung im Einzelfall nicht zulässig ist. Das ist richtig, aber es kommt schon einmal vor, dass man auf einer Veranstaltung eine Person kennenlernt, die Visitenkarte erhält und Sie auf XING vor der Kontaktanfrage persönlich ansprechen möchte. Möglich ist es auch zu sehen, wer das Profil besucht hat. Auf dieser Grundlage kann an potenzielle Interessenten herangetreten werden. Schließlich sind die Suchoptionen besser als bei der Basismitgliedschaft. Die Seite ist zudem werbefrei.

II. Business- und Executivemitgliedschaft bei LinkedIn

Bei LinkedIn gibt es verschiedene Stufen der Mitgliedschaft neben der Basismitgliedschaft, nämlich Business, Business Plus und Executive . Im Vergleich zu XING sind die Kosten relativ hoch. Die Jahresmitgliedschaft kostet in der Business Version ca. 240 $, in der Business Plus Version ca. 480 $ und in der Executive Version ca. 900 $. Dafür können mehr Profile gesucht werden und die Profile sind vollständiger als in der Basisversion. So kann man sehen, wer das eigene Profil betrachtet hat.

Kapitel 9 Wie finde ich mich auf den verschiedenen Netzwerken zurecht?

Nun sind wir etwas weiter im Umgang mit Sozialen Medien. Sie kennen die wichtigsten Plattformen, haben sich die Networks möglicherweise angeschaut und sich bei dem einen oder anderen Dienst bereits registriert. Dann sind Sie bereit für den nächsten Schritt und wir machen uns vertraut mit dem Handwerkszeug der Netzwerke.

I. Präsentation einer Kanzlei bei Facebook

1. Facebook-Präsenz als Anwalt?

Ist Facebook etwas für Rechtsanwälte? Im Anwaltsspiegel 12/2011 vom 15.6.2011 hatte der auf dem Bereich des IT- und Medienrechts reputierte Prof. Dr. Thomas Hoeren die Auffassung vertreten, dass der Rat des Juristen nur dahin gehen könne, Facebook zu meiden. Unternehmen hätten dort nichts zu suchen. Ihre Geschäftsinteressen würden nicht in Einklang stehen mit den Besonderheiten des Web 2.0 und den dort gängigen interaktiv-privaten Umgangswünschen. Thomas Hoeren verweist auf die rechtlichen Probleme der Impressumpflicht, des Gegendarstellungsrechts und nicht zuletzt des Datenschutzrechts.[1] Wenn Facebook schon für Unternehmen gefährlich ist, gilt das Gleiche dann nicht für Anwälte? Ich werde unten im rechtlichen Teil aufzeigen, dass die rechtlichen Hürden für uns Anwälte leicht zu überspringen sind, wenn man sich mit der Thematik befasst.

Sind diese Probleme beiseite geräumt, so kann man festhalten dass Facebook für Anwälte interessant ist, weil die Nutzer sehr viel Zeit darin verbringen. Und nicht nur das: Mittlerweile wird der »Gefällt mir«-Button millionenfach genutzt. Auch Ihre Kanzlei kann von dieser Art der Weiterempfehlung profitieren.

2. Erstellung eines Profils

a) Profile

Facebook ist das mitgliederstärkste Netzwerk in Deutschland und so liegt die Vermutung nahe, dass viele von den Lesern bereits ein privates Profil dort angelegt haben und sich ein wenig mit dem Dienst auskennen. Hier geht es vornehmlich nicht um die Anlage eines privaten Profils, sondern um die Einrichtung einer Unternehmensseite. Allerdings hindert Sie das selbstverständlich nicht, auch oder nur auf ihrer privaten Seite Beiträge zu veröffentlichen.

---

1 http://www.deutscheranwaltspiegel.de/archiv.

Wenn Sie bei Facebook eine Seite für ein Unternehmen erstellen möchten, müssen Sie zunächst ein privates Profil erstellen. Nach Erstellung des Profils können Sie dann auch eine Seite für die Kanzlei gestalten.

Bei ihrem privaten Profil können Sie verschiedene Informationen zu Ihrer Person geben, können aber die Privatsphäre-Einstellungen so regeln, dass der Großteil der Informationen nur für Ihre Freunde sichtbar ist oder noch enger eingekreist werden kann. Auf der anderen Seite ist es Ihnen möglich, eine Unzahl von Infos dazu zu geben, welche Musik Sie mögen, welche Bücher, Sportarten – der Fülle der Mitteilung sind keine Grenzen gesetzt.

b) Präsentation der Kanzlei
Wenn Sie nun über einen privaten Account verfügen, können Sie, nachdem Sie eingeloggt sind, eine Kanzleiseite erstellen. Auf der Startseite gibt es einen Link mit folgendem Hinweis:

»Erstelle eine Seite für eine Berühmtheit, eine Band oder ein Unternehmen.«

Klickt man diese Seite an, so bieten sich für den Anwalt vor allem die Rubriken Unternehmen, Organisation oder Institution an. Hier ist zunächst eine Kategorie auszuwählen. Am ehesten bietet sich dort »Recht/Gesetz« an. Möglich ist es jedoch auch, den einfachen Begriff »Unternehmen« auszuwählen. Die Verwaltung der Kanzleiseite erfolgt problemlos über das Nutzerprofil. Der Inhaber des Privat-Accounts ist in diesem Falle »Administrator« für die Kanzleiseite. Daneben können aber weitere Administratoren bestimmt werden. Hierzu bedarf es der Zustimmung des aktuellen Administrators.

Wie geht es nun weiter? Was sind nun die Funktionalitäten bei Facebook? Zunächst einmal befinden sie sich auf der Seite »Los geht's«. Dort gibt es einige Möglichkeiten:

»Erzähle Deinen Fans davon«

Hier können Sie die Beliebtheit der Seite steigern, indem »Fans« eine Mitteilung über die Seite bekommen. Das geschieht durch den Import von Kontakten aus Ihrem elektronischen Adressbuch (Outlook, Thunderbird usw.). Hier befinden wir uns allerdings an einer für den Anwalt bedenkenswerten Situation, denn es ist berufsrechtlich untersagt, die Daten von Mandanten an Dritte preiszugeben. Dazu später im rechtlichen Teil mehr. Sie können auch die Freunde Ihres privaten Accounts einladen. Bei dem Klick auf »Freund einladen« können Sie im Einzelnen auswählen, wer eine Mitteilung bekommen soll.

»Poste Statusmeldungen«

Wie bei jedem Facebook-Profil können Sie auf dieser Seite Nachrichten posten. Sie können an Ihre Meldung z.B. einen Link anhängen, z.B. weil Sie einen Beitrag verfasst haben, der unter diesem Link erreichbar ist oder weil Sie eine Entscheidung des BGH kommentieren möchten.

Kapitel 9   Wie finde ich mich auf den verschiedenen Netzwerken zurecht?

Zudem kann ein »Gefällt mir«-Feld eingefügt werden und Sie können sich Statistiken über die Nutzung der Seite anzeigen lassen. Schließlich können Sie eine Werbekampagne mit einer Anzeige ausführen, je nach Budget.

Gestalten Sie die Kanzleiseite für Ihre Fans auf interessante Art und Weise. Das bedeutet, dass Sie laufend aktuelle Inhalte bieten sollten, ebenso kommt eine persönliche Ansprache gut an. Fragen Sie sich selbst, welche Beiträge für Ihre Fans interessant sein könnten.

Gestalten Sie die Kanzleiseite ansprechend. Dazu gehört die Einbindung des Firmenlogos. Daneben können Sie noch Fotos der Anwälte oder der Kanzlei auf die Seite stellen, um Ihren Auftritt persönlich zu gestalten.

c)   Weitere Möglichkeiten

Sie können auf Facebook Veranstaltungen einstellen. Hierzu rufen Sie auf den Reiter Veranstaltungen auf. Sollte der Reiter noch nicht vorhanden sein, so gehen Sie auf »Seite bearbeiten« und klicken Sie unter »Anwendungen«. Dort finden Sie den Reiter für Veranstaltungen. Klicken Sie auf »Link zu diesem Reiter erstellen.« Wenn Sie nun auf »Seite anzeigen« gehen, finden Sie auf der Leiste links unten den Reiter Veranstaltungen. Wenn Sie darauf klicken, öffnet sich eine Maske. Durch Klick auf »Veranstaltung erstellen« können Sie Daten zu dem Event einstellen. Sie können einfügen, wann und wo die Veranstaltung stattfindet und welche Art von Event es ist. Ferner können Sie weitere Informationen geben, Gäste auswählen und die Veranstaltung dann freigeben.

Über Facebook-Werbeanzeigen können Sie neue Fans gewinnen. Dabei können Sie die Anzeige nach Ort, Demografie, Interessen und anderen Schwerpunkten einschränken. Anhand der Facebook-Statistiken können Sie ermitteln, wie Ihre Seite frequentiert wird.

Machen Sie die Seite offline und online bekannt, indem Sie die Facebook-URL in Ihre Website, in die E-Mailsignatur, auf Visitenkarten, Flyer aufnehmen. Auf anderen Sozialen Netzwerken und in Ihrem Blog können Sie den »Gefällt mir«-Button integrieren.

► **Empfehlungen für die Nutzung von Facebook**

- Erstellen Sie eine Facebook-Kanzleiseite und fügen Sie relevante Informationen zu Ihrer Kanzlei hinzu.
- Nutzen Sie Ihr Firmenlogo als Profilbild.
- Laden Sie Mitarbeiter, Freunde und Bekannte auf die Seite ein. Wenn Sie dann eine gewisse Zahl von Abonnenten haben, wenden Sie sich an Ihre Mandanten.
- Stellen sie regelmäßig Beiträge ein. Steigen Sie in Diskussionen auf der Seite ein.
- Machen Sie Ihre Facebook-Seite auch außerhalb von Facebook bekannt.

Ein guter Weg ist die E-Mail-Signatur. Auch Briefbögen und Visitenkarten bieten sich an. Selbstverständlich sollte auch ein Hinweis auf Ihrer Homepage vorhanden sein.

II. XING

1. XING-Profil

Es ist relativ einfach, ein XING-Profil zu erstellen. Generell sollten Sie darauf achten, Ihr Profil vollständig auszufüllen. Sie können damit Ihre Erfahrungen und Ihr Know-How unter Beweis stellen. Integrieren Sie ein ansprechendes Foto auf der Seite. Überlegen Sie gut, was Sie unter »Ich suche« und »Ich biete« eintragen. Ob Sie etwas Privates bei den Interessen eintragen, bleibt Ihnen überlassen, es bringt auf jeden Fall eine persönliche Note herein. Die Angaben zu Ausbildung und Berufserfahrung sollten Sie sorgfältig ausfüllen. Sie werden dadurch von ehemaligen Kommilitonen oder Kollegen leicht gefunden. Bei den Angaben zu Qualifikationen können Sie z.B. ausländische Studienabschlüsse oder Fachanwaltstitel angeben. Daneben kommen Lehrgänge oder Zertifikate in Betracht. Schließlich sollten Sie darauf achten, dass auch weitere Profile von Ihnen im Web eingefügt werden. Interessenten können sich dann andere Web-Präsenzen von Ihnen schnell anschauen und müssen nicht umständlich googeln. Interessanterweise hat XING den Dienst von LinkedIn unter den weiteren Profilen im Web nicht besonders aufgeführt. Sie können aber statt des Namens den Begriff »Andere« auswählen und das LinkedIn-Profil dahinter einfügen.

Die Angabe zu Ihren Kontaktdaten sind wichtig, denn Sie möchten durch Ihre Erreichbarkeit Kommunikation ermöglichen und letztlich Mandate akquirieren. Achten Sie aber darauf, Personen, die Sie nicht kennen, nicht gleich alle Kontaktdaten freizuschalten.

XING kann auch als Onlineadressbuch genutzt werden: Ihre Kontakte aktualisieren in der Regel Ihre Daten selbst, so dass Sie immer die aktuellen Infos zur Hand haben. Für Sie gilt natürlich das Gleiche: Ihre Daten gehen Ihren Kontakten nicht verloren.

Wenn Sie eine Person zur Ihrem Netzwerk hinzufügen möchten, so müssen Sie zunächst eine Kontaktanfrage an diese Person senden. Stellen Sie sich in einem kurzen Text mit vor. Teilen Sie mit, warum Sie an der Kontaktaufnahme interessiert sind. Eine persönliche Ansprache wirkt vertrauensvoller als das bloße Senden einer Anfrage ohne Inhalte.

Kapitel 9 Wie finde ich mich auf den verschiedenen Netzwerken zurecht?

2. XING-Unternehmensprofil

Auf XING ist es möglich, ein Unternehmensprofil anzulegen. Das kann durch Erstellung einer kostenlosen Basisversion geschehen oder mit einer kostenpflichtigen Version, die ein größeres Angebot bietet. Bei Anlage des Unternehmensprofils muss bestätigt werden, dass man befugt ist, im Auftrag des Unternehmens zu handeln; in diesem Zusammenhang müssen Sie auch die AGB akzeptieren. Sie sollten Ziffer 2 der AGB beachten. Beendet der Editor, also die Person, die das Unternehmensprofil angelegt hat, seine XING-Mitgliedschaft oder wurde er von XING ausgeschlossen, so darf dieser Editor das Unternehmensprofil nicht mehr bearbeiten. Das Unternehmensprofil wird in solchen Fällen vorübergehend deaktiviert. Suchen Sie also die Person, die Sie mit der Erstellung der Unternehmensseite beauftragen, sorgfältig aus – wieder ein Argument gegen den Einsatz von Praktikanten und Referendaren für solche Aufgaben. Allerdings besitzt ihre Kanzlei die Möglichkeit, den Einsatz des Editors zu widerrufen und eine neue Person als Editor zu benennen.

Nach Bestätigung der AGB können Sie Daten zu Ihrer Kanzlei ausfüllen. Sie können Ihr Kanzlei-Logo auf die Seite laden. Dann können Sie eine Kurzbeschreibung der Kanzlei mit den Adressdaten geben. Unter der Rubrik »Über uns« besitzen Sie dann die Möglichkeit, umfassende Informationen über Ihr Unternehmen zu geben. Auf der Seite finden Sie auch einen Unternehmensprofil-Button. Diesen Button können Sie auf Ihrer Webseite integrieren. Dazu muss der Quelltext, den Sie einblenden können, auf Ihre Seite integriert werden. Jeder, der dann auf Ihrer Webseite auf den Button klickt, kommt auf die XING-Unternehmensprofilseite. Schließlich besteht die Möglichkeit, die Seite Ihrem Netzwerk zu empfehlen.

3. XING-Gruppen

Unter der Rubrik Gruppen können Sie auf XING Gruppen beitreten. Es gibt einen Link für »Gruppen finden«. Dort sehen Sie unter »Alle Gruppen« verschiedene Kategorien und können sich dann weiter durchklicken, bis sie eine interessante Gruppe gefunden haben. Sie können jedoch auch oben unter »Gruppen suchen« einen Begriff eingeben. Zu diesem Begriff finden Sie dann eine Auflistung von Gruppen. Bestimmten Gruppen können Sie ohne weiteres beitreten, bei anderen Gruppen muss noch eine Zustimmung durch einen Moderator erfolgen.

Nehmen wir ein Beispiel: Sie möchten einer Gruppe beitreten, die sich mit den Fragen des Allgemeinen Gleichbehandlungsgesetzes beschäftigt. Wenn Sie unter »Gruppen finden« »AGG« eingeben, finden Sie gleich an erster Stelle die Gruppe »AGG, Das Allgemeine Gleichbehandlungsgesetz«. Wenn Sie der Gruppe beigetreten sind, finden Sie auf der Startseite die zuletzt diskutierten Themen der Gruppe. Unter den Foren finden Sie die verschiedenen Themenbereiche. Wie auf vielen Gruppenseiten können Sie auch auf dieser Seite eine kurze Vorstellung zur Person abgeben. Sie selbst können unter den »Optionen« auf »neues Thema erstellen« klicken. Hier können Sie nun einiges zu Ihrer Person berichten und dann absenden.

4. Veranstaltung einstellen

Um bei XING eine Veranstaltung einzustellen, müssen Sie auf die Rubrik »Eventbenachrichtigung« gehen. Dort finden Sie den Link Event organisieren. Es gibt eine Unterteilung zwischen Events mit Tickets und ohne Tickets. Bei der Art des Events können Sie markieren, ob es sich um ein öffentliches oder um ein privates Event handelt. Bei öffentlichen Events kann jeder teilnehmen. Bei privaten Events werden die Kontakte innerhalb und außerhalb XING eingeladen. Solche Events tauchen nicht in der XING-Eventsuche auf. In der weiteren Maske bestimmen Sie den Titel, beschreiben den Event und können Angaben zum Zeitpunkt und zum Veranstaltungsort machen. Schließlich können Sie bei der Gästeliste bestimmte Optionen erstellen.

▶ **Empfehlungen für die Nutzung von XING**

- Achten Sie darauf, dass Ihr Profil auf XING möglichst vollständig dargestellt wird. Auf Ihrer Profilseite sehen Sie, zu wie viel Prozent Ihr Profil vollständig ist.
- Auf in die Gruppen: vorstellen, mitdiskutieren, neu gründen. Erstellen Sie eine Seite für Ihre Kanzlei und empfehlen Sie die Kanzlei Ihren Kontakten.
- Machen Sie Ihre XING-Seiten auch außerhalb von XING bekannt, auf Ihrer Homepage, in der E-Mail-Signatur und auf Visitenkarten und Briefbögen.

III. LinkedIn

Die Funktionen von LinkedIn sind im Grunde vergleichbar zu XING. LinkedIn ist wesentlich internationaler als XING, so dass es Gruppen in den verschiedensten Sprachen gibt. Sie können ein Foto hochladen und Angaben zu Ihrer Ausbildung und zum beruflichen Werdegang machen. Der Beitritt zu Gruppen ist ähnlich geregelt wie bei XING.

Ein Überblick über LinkedIn bekommen Sie auf YouTube, wenn Sie »Was ist LinkedIn?« eingeben. Dort werden in einem Video LinkedIn und Funktionen anschaulich dargestellt.

Kapitel 9   Wie finde ich mich auf den verschiedenen Netzwerken zurecht?

IV. Twitter

1. Erste Schritte auf Twitter

Bei den meisten Social Media-Anwendungen geht es recht ruhig zu. Sie können etwas posten und möglicherweise wird kurz darauf oder auch später ein Kommentar von einem Leser geschrieben, auf den Sie wiederum antworten.

Twitter ist da anders, und kann das Adrenalin in Wallung bringen. Auf Twitter laufen tausende Unterhaltungen zu jedem nur denkbaren Thema in Echtzeit. Je mehr Personen sie folgen, desto eher werden Sie sich vermutlich fragen, was diese Flut an Informationen eigentlich soll. Ein Kollege von mir, ein ansonsten sehr internetaffiner IT-Fachanwalt, sagte voriges Jahr noch, er hätte sich bei Twitter registriert, verstehe aber nicht, wozu Twitter gut sein solle.

Schauen Sie sich Twitter erst einmal genau an. Sie müssen selbstverständlich nicht alles lesen, was auf Twitter gebloggt wird. Bei einer Vielzahl von Personen, denen Sie folgen, wäre das auch gar nicht mehr möglich. Schließlich haben Sie noch einen Beruf als Anwalt.

2. Einstellungen

Auf zum Twittern! Wenn Sie sich bei Twitter registriert haben, sehen Sie links den sogenannten Stream. Das ist der Nachrichtenstrom, auf dem alle ihre Meldungen veröffentlicht werden. Sobald Sie anderen Nutzern folgen, werden Ihnen die Nachrichten dieser Nutzer angezeigt. Das ist der Bereich, auf dem Sie immer wieder sein werden, um dort interessante Informationen zu lesen oder selbst sogenannte tweets zu verfassen.

Vorher sollten Sie jedoch das Profil vollständig ausfüllen. Gehen Sie auf »Einstellungen« Unter der Rubrik »Konto« können Sie Ihren Benutzernamen wählen. Empfohlen wird ihr eigener Name oder Sie wählen einen Namen, der Bezug zu Ihrem Rechtsgebiet hat oder sich einprägt. Unter »Profil« können Sie Angaben zu Ihrer Person machen. Es gibt die Möglichkeit ein Foto einzufügen sowie Namen, Standort und Webadresse. Unter der Rubrik »Bio« können Sie einige Angaben zur Ihrer Person machen. Hier können Sie auch den Link zu Ihrem Impressum setzen. Sie haben auf dieser Seite auch die Möglichkeit, Twitter zu Ihrer Webseite hinzufügen und eine Verbindung zu Ihrem Facebook-Account herzustellen. Unter der Rubrik »Benachrichtigungen« können Sie auswählen, wann Ihnen Nachrichten gesendet werden, z.B. wenn Ihnen eine Direktnachricht gesendet wurde oder Sie erwähnt wurden.

Beginnen Sie, Anderen zu folgen: Eine Möglichkeit finden Sie unter »Wem folgen« Haben Sie schon einige Kontakte, so kommen Sie über diese Follower schnell an weitere interessante Kontakte. Es wird nicht lange dauern, bis Sie selbst Follower haben. Das sind die Personen, die Ihre Nachrichten abonniert haben. Wenn Sie etwas veröffentlichen, sehen Ihre Follower das auf ihrem eigenen Nachrichtenstrom. Unter Following sind die Personen aufgeführt, deren Nachrichten Sie abonniert haben.

a) Versand und Umgang mit tweets

Sie können an einen Follower eine sogenannte @reply schicken. Das ist eine öffentliche Antwort an einen Twitter-Nutzer. Ihre Nachricht wird dann auch allen Followern des Empfängers angezeigt. Daneben besitzen Sie die Möglichkeit, private Nachrichten an einen Account zu schreiben, die dann nur für die entsprechenden Nutzer einsehbar sind.

Sie können eine Nachricht auch »retweeten«. Das bedeutet, dass Sie Meldung eines anderen Nutzers aufnehmen und unter Ihrem Account als Zitat veröffentlichen. Gehen Sie dazu auf den tweet, unten finden Sie den Link zum retweet.

Rechts oben auf Ihrem Screen finden Sie noch die Rubrik »Listen«. Sie können dort eigene Listen erstellen. Bei dem Klick auf Listen können Sie oben den Namen der Liste eingeben und dann eine Beschreibung. Unter der Privatsphäre können Sie dann einstellen, ob jeder dieser Liste folgen kann oder ob nur Sie Zugriff auf die Liste haben.

Wenn Sie sich die Meldung auf Twitter anschauen, sehen Sie häufig ein sogenanntes Rautenzeichen (Englisch hash). Hashtag bezeichnet, ein sogenanntes Schlüsselwort. Das Zeichen dient dazu, bestimmte Nachrichten zu einem Ereignis oder Thema zu gruppieren.

Je mehr Nachrichten Sie von anderen Nutzern abonniert haben, desto mehr Informationen finden Sie in Ihrem Nachrichtenscreen. Überfliegen Sie den Tweet und suchen Sie interessante Nachrichten heraus. Es geht selbstverständlich nicht darum, alle Nachrichten zu lesen; das ist auch gar nicht möglich.

▶ **Richtiges Twittern**

- Verwenden Sie aussagekräftige Formulierungen
- Geben Sie kurze und prägnante Infos
- Achten Sie auf korrekte Links
- Retweeten Sie interessante Infos
- Verwenden Sie Hashtags
- Verbinden Sie Facebook mit Twitter

b) Twitter als Informationstool

Wem sollen Sie folgen? Das richtet sich selbstverständlich ganz allein nach Ihrem Interesse. Es gibt eine Vielzahl von juristischen Twitterern. Unter www.juratweed.

de finden Sie eine Übersicht bekannter juristische Tweeter. Sie können sich direkt anmelden, in dem Sie rechts auf »jetzt mitmachen« gehen.

Machen Sie es so, dass Sie nach Dingen suchen, die Sie interessieren. Dafür gibt es verschiedene Tools:
- Twitter-Suche: (http://search.twitter.com) Hier können Sie Twitter in Echtzeit durchsuchen.
- Monitter: (http://monitter.com) Hier können Sie drei Suchbegriffe parallel und in Echtzeit überwachen.

c) Teilnahme

Nun gehen sie einen Schritt weiter. Sie werden selbst aktiv, kommentieren zu einem Thema, das für sie relevant ist und bieten einen Mehrwert für die Leser. Sie sind hier noch in einer Phase, wo sie langsam ins Spiel kommen – wie auf einer Veranstaltung, wo sie sich erst zu einer Gruppe gesellen, der Unterhaltung lauschen und dann an passender Stelle einen Einwurf machen.

Im dritten Schritt wirken Sie dann aktiv mit. Beginnen Sie neue Unterhaltungen. Stellen Sie Fragen, stellen sie Beiträge auf die Seite, mit oder ohne ergänzende Links, retweeten sie Nachrichten ihrer Follower. Wichtig ist ein Variantenreichtum. Twittern sie qualitative Informationen für ihre Zielgruppe, gelegentlich können sie etwas zu ihrer Kanzlei schreiben, beteiligen sie sich weiter an Diskussionen und retweeten sie. Richten Sie sich strategisch aus: Was wollen Sie – und stimmen Sie Ihre Twitter-Einsätze darauf ab.

Planen Sie einen festen Zeitraum am Tag ein, an dem Sie auf Twitter aktiv sind und halten Sie sich daran. Muten Sie sich aber nicht zu viel zu – am Anfang mit massivem Zeitaufwand beginnen und dann portionsweise abbrechen, führt zu Enttäuschungen. Denken Sie daran, dass Ihre Ziele auch umsetzbar sein müssen. Mit der Zeit werden Sie von mehr und mehr Personen als verlässlich angesehen werden, wenn Sie auf Twitter nachhaltig aktiv sind.

3. Nutzung von Twitter durch Juristen

Auf seinem Blog www.kriegs-recht.de hat Rechtsanwalt Henning Krieg eine aufschlussreiche Aufstellung gemacht, wie deutsche Juristen Twitter nutzen. Rechtsanwalt Krieg hat hier die Tweets der laut juratweed.de reichweitenstärksten deutschen Juristen ausgewertet. Juristen twittern demnach während der Woche, am intensivsten Donnerstags und Freitag. Bei der Uhrzeit liegt der Schwerpunkt auf dem Vormittag. Im Durchschnitt setzten die Juristen ca. fünf Tweets pro Tag ab. Dabei ist interessant, dass die Anzahl der Follower auf die Intensität des Twitterns keinen nennenswerten Einfluss hat. Das bedeutet: Nicht diejenigen, die am meisten Follower haben, setzen auch die meisten Tweets ab. Berichtet wird vor

Teil 2   Social Media-Plattformen und ihre Nutzung   Kapitel 9

allem über Rechtliches, aber selbstverständlich nicht ausschließlich. Unterhaltung und Entertainment sowie Persönliches spielen ebenfalls eine große Rolle. Ein Großteil der Juristen setzt Links auf eigene oder fremde Quellen. Viele der Juristen auf Twitter besitzen auch Profile in den übrigen großen Sozialen Netzwerken.

Interessant ist schließlich noch die Typologie, die Rechtsanwalt Krieg durchgeführt hat. Danach sind fünf Typen anhand ihrer Tweets zu unterscheiden.

Der Informant
Er verbreitet vor allem Informationen, darunter insbesondere Links zu externen Quellen, um einen Mehrwert für seine Follower herbeizuführen.

Der Chatter
Dieser Typ benutzt Twitter für die Kommunikation mit anderen Nutzern im Dialog.

Der Entertainer
Die Tweets haben eher einen unterhaltenden Charakter.

Der Advertiser
Dieser Typus bewirbt seine eigenen Angebote oder Dienste über Twitter.

Der Selbstdarsteller
Gibt Informationen, was in seinem Leben passiert.

► **Hinweis**

- Twitter ist eine Unterhaltung
- Zuhören – Antworten – Mitmachen
- Daran denken: welchen Nutzen können Sie bieten?
- Suchen Sie interessante Unterhaltungen mit der Suchfunktion
- Entwickeln Sie eine Strategie
- Stellen Sie Ihren »Twitter-Mix« zusammen
- Feste Zeit einplanen

V. Blogs

1. Definition

Ein Blog ist ein elektronisches Tagebuch im Internet. Bei einem Blog werden im Gegensatz zu einer Homepage die Tagebucheinträge ständig aktualisiert und können mittels RSS-Technologie abonniert werden. Über sogenannte Permalinks und Trackbacks kann man Verweise auf spezielle Beiträge auf anderen Seiten setzen.

Ein Blog zeichnet sich durch vier Eigenschaften aus:

Chronologie
Für jeden Beitrag gibt es einen Zeitstempel, der anzeigt, wann der Beitrag veröffentlicht wurde. Der aktuellste Beitrag steht in der Regel immer oben.

Aktualität
Die Inhalte beziehen sich auf aktuelle Ereignisse bzw. Erlebnisse des Bloggers.

Internetbezug
Viele Beiträge sind mit Links verbunden, die Hinweise auf weiterführende Informationen geben.

Interaktion
Die Leser des Blogs können zu den Beiträgen Stellung nehmen, es gibt eine Kommentarfunktion.

In Abwandlung eines Spruches von Ossi Urchs, einem Internet-Guru, könnte man sagen: Anwälte können, ja müssen heute bloggen, wollen sie nicht allein Gegenstand sondern auch Teilnehmer der Konversation sein, die inzwischen wesentlich zum Erfolg oder Misserfolg am Markt beiträgt.

2. Wozu benötigt ein Anwalt einen Blog?

Sie besitzen bereits eine Homepage; die hat im Zweifel viel Geld und Mühen gekostet. Sie sind in den Sozialen Netzwerken präsent und veröffentlichen dort Beiträge. Wozu alles um der Welt noch einen Blog?

- Der Blog ist Ihre Bühne: Sie haben eine eigene Plattform, mit der Sie direkt zu Ihren Zielgruppen Kontakt aufnehmen können.
- Ihr Bekanntheitsgrad wird über Suchmaschinen erhöht. In einem Blog werden regelmäßig Beiträge verfasst. Die Menge an Beiträgen wird damit immer grö-

ßer. Hier kommen die Suchmaschinen ins Spiel: Sie beurteilen Websites mit unterschiedlichen Inhalten und vielen Unterseiten auf einer höheren Stufe als Websites mit wenig oder sich wiederholenden Inhalten. Aus diesem Grunde tauchen Blogs immer häufiger auf guten Plätzen in den Suchergebnissen auf.
- Redaktionen nutzen Blogs als Recherchetool. Auch hierüber werden Sie bekannter.
- In-House-Juristen berücksichtigen Blogs als Kriterium bei der Vergabe von Mandaten.
- Über einen Blog wirken Sie authentisch. Sie können über einen Blog viel über Ihre Persönlichkeit transportieren. Wie Sie wissen, setzt das Verhältnis zwischen Anwalt und Mandant ein besonderes Vertrauensverhältnis voraus. Die Anwaltsleistung ist nicht einfach eine beliebige Ware, die man bei ähnlich spezialisierten Anwälten in der gleichen Form erhalten kann. Mit dem Blog wecken Sie die Sympathie Ihres Mandanten und das Gefühl, dass Sie der Richtige für die Lösung eines Problems sein können.
- Mit Ihren Veröffentlichungen zeigen Sie, dass Sie kompetent in Ihren Gebieten sind. Sie werden als Experte wahrgenommen.
- Sie können sich durch Ihre Beiträge von Ihren Wettbewerbern abheben.

3. Wer soll schreiben?

Ich hatte oben erwähnt, dass Sie mit der Redaktion eines Blogs nicht Ihre Referendare oder Praktikanten betrauen, sondern selber tätig sein sollen. Das bedeutet jedoch nicht, dass nur Sie selbst einen Blog betreuen können. Wenn Sie sich in einer Sozietät befinden, können Sie selbstverständlich mit Ihren Kollegen gemeinsam bloggen. Wenn Sie sich bei dem juristischen Bloggern umschauen, so werden Sie sehen, dass es einige Autorenkollektive gibt und ganze Kanzleien schreiben. Allerdings: Je größer die Einheit, desto komplizierter wird es. Wenn Sie in einem Autorenteam schreiben, sollten Sie vorab klären, ob die einzelnen Autoren unterschiedliche Rechte haben sollen oder nicht. Bei größeren Einheiten ist es wichtig, dass eine Person die Administratorenrechte erhält, also die Beiträge der Autoren freigeben bzw. bearbeiten kann.

4. Thementreue

Bevor Sie mit dem Bloggen beginnen, sollten Sie sich klar machen, worüber Sie eigentlich schreiben. Das kann die Fokussierung auf ein bestimmtes Rechtsgebiet sein oder auch ein Blog, der eine Branche auf allen rechtlichen Ebenen ansprechen soll. Wenn Sie sich für ein Konzept entschieden haben, sollten Sie dem Vorhaben inhaltlich treu bleiben. Bevor Sie über Themen bloggen, die mit Charakter Ihres Blogs nichts zu tun haben, sollten Sie lieber gar keine Beiträge auf die Seite stellen. Auf der anderen Seite bedeutet das nicht, dass Sie nicht ab und zu über ein aktuelles Thema berichten können, dass außerhalb der eigentlichen Zielrichtung des Blogs liegt. Auch eine nicht-juristische Äußerung ist alles ande-

Kapitel 9   Wie finde ich mich auf den verschiedenen Netzwerken zurecht?

re als verboten. Authentizität ist wichtig. Denken Sie an die Gespräche mit Ihren Mandanten. Dort werden Sie sicher auch das eine oder andere Wort verlieren, das mit dem konkreten Fall und mit Jura nichts zu tun hat. Letztlich ist es wieder Ihnen überlassen: Sind Sie jemand, der sich allein für sein Fachgebiet begeistern kann, so wird das auch Anklang finden. Sie müssen sich nicht verbiegen.

5.   Umgang mit negativen Kommentaren

Ihre Beiträge werden (hoffentlich) kommentiert werden. Da kann es natürlich vorkommen, dass der eine oder andere negative Kommentar abgegeben wird. Damit müssen Sie sich abfinden. Löschen Sie diese Kommentare nicht. Sie müssen dann befürchten, dass das Löschen Wellen wirft und der Kommentar an anderer Stelle veröffentlicht wird. Kommentieren Sie den Eintrag lieber, selbstverständlich sachlich, aber nicht ohne ihren Standpunkt deutlich zu machen.

Ein Beispiel: Sie schreiben zu einer bestimmten rechtlichen Problematik und ein (neunmal-) kluger Kollege hinterlässt einen Kommentar, in welchem er Ihre rechtliche Darstellung gehörig auseinander nimmt. Richtig: Ein negativer Kommentar, der Ihre fachliche Expertise infrage stellt. Sie sollten den Kommentar nicht löschen. Setzen Sie sich damit auseinander. Ob Sie auf einen Kommentar einsteigen und antworten oder nicht, bleibt Ihnen überlassen. Sie alle haben schon einmal an Seminaren teilgenommen oder dort sogar doziert. Dann ist Ihnen bekannt, dass es unterschiedliche Typen gibt: Es gibt diejenigen, die ein Argument oder ein rechtliche Darstellung nicht richtig verstanden haben und daher eine ergänzende Frage stellen. Es gibt andere, die sich mit einem Argument auseinandersetzen und eine abweichende Auffassung darlegen. Schließlich gibt es solche Personen, denen es Spaß macht, zu provozieren und solche, die eine fernliegende Meinung vertreten, auf ihr beharren und immer weiter diskutieren wollen. Der Dozent muss auf einer solchen Tagung dafür sorgen, dass jeder gehört wird, jedoch auch darauf achten, dass die Veranstaltung von einem roten Faden durchzogen wird. Nichts anderes gilt für Ihren Blog. Er lebt von Interaktion, das bedeutet jedoch nicht, dass Sie sich ausufernde Gefechte mit einem schwierigen Kommentator liefern müssen oder sollten. Gerät ein Thema zu individuell, wird es uninteressant für Dritte. Beachten Sie auch den Zeitfaktor. In einigen Fällen wird es sich anbieten, gar nicht zu reagieren.

Ein weiteres Beispiel: Ich veröffentliche häufiger in der »Legal Tribune Online« (www.lto.de) journalistische Beiträge. In einem arbeitsrechtlichen Beitrag nahm ich Stellung zu einem Vorfall bei Daimler. Dort hatten auf Facebook einige Mitarbeiter eine Gruppe eröffnet und unternehmenskritische Äußerungen getätigt. Das Unternehmen hatte dann die Mitarbeiter zu einem Gespräch gebeten und erläutert, dass es so nicht geht. Ich hatte zu der Sache meine Meinung, nämlich dass die Äußerungen der Mitarbeiter in Teilen beleidigend waren und nicht mehr von der Meinungsfreiheit gedeckt seien. Jemand, der den Beitrag kommentierte, hatte eine andere Auffassung. Er schrieb, dass es ihn erstaunt, wie obrigkeitshörig die Social Media-Experten seien, auch die juristischen. Wie habe ich reagiert? Gar nicht. Der Kommentator argumentierte politisch, nicht rechtlich. Das war sein gutes Recht und damit sollte es sein Bewenden haben.

6. Vernetzung

Niemand steht gern allein da – auch ein Blog sollte das nicht tun. Wichtig ist die Vernetzung mit anderen Bloggern, denn dadurch entsteht ein lebendiger Blog mit vielen Kommentaren. Schauen Sie also: Wer bloggt zu Ihren Themen? Schreiben Sie auf diesen Blogs Kommentare zu interessanten Beiträgen. Leser des Blogs werden auf Ihren Blog aufmerksam. Erwähnen Sie, wenn Sie zu einem bestimmten Thema schreiben, andere Blogs durch einen Link oder am Ende des Artikels. Solche Erwähnungen werden als »trackback« bezeichnet.

7. Wie und was schreiben?

Der Blog liegt nunmehr frisch und unversehrt vor Ihnen. Worüber sollen Sie nun schreiben? Wenn Sie als Einzelanwalt tätig sind, erstellen Sie sich Ihre eigene Strategie und müssen sich nicht innerhalb der Kanzlei absprechen. Je größer die Kanzlei, desto notwendiger wird es, einen Social Media-Koordinator auszuwählen. Sie sollten auf jeden Fall einen Plan machen. Es sollte deutlich sein, worüber Sie schreiben, wie Sie schreiben, wo Sie schreiben (auf welchen Plattformen). Wichtig ist, dass Kommunikation in den Sozialen Medien in Echtzeit erfolgen und immer aktuell sein müssen. Auf der anderen Seite wissen Sie, dass im juristischen Bereich das Rad nicht ständig neu erfunden wird. Auf Grundlage der Gesetze und einer bestehenden Rechtsprechung kann es durch neue Gesetze oder durch neue Urteile aktuellen Informationsbedarf geben. Das geschieht aber immer auf der Basis des geltenden Rechts. Nutzen Sie Social Media nicht für »alte Hüte«. Ein Urteil, dass schon ein Jahr alt ist, findet kein Interesse mehr, es sei denn, es gibt einen aktuellen Bezug.

Bevor Sie nun sofort loslegen und irgendetwas schreiben, was Ihnen gerade in den Sinn kommt, sollten Sie sich eine Struktur überlegen. Ein Redaktionsplan kann sinnvoll sein. Machen Sie sich Gedanken über die Themen, zu denen Sie veröffentlichen möchten und erstellen Sie eine Liste. Niemand zwingt Sie, einen Plan sklavisch einzuhalten. Bei aktuellen Ereignissen können Sie ein Thema vorziehen und es mit den News verbinden. Gleichen Sie Ihren Plan mit Terminen ab, die wichtig für Ihre Mandanten sein könnten: die Teilnahme an Workshops, Tagungen, Teilnahme an Messen.

Denken Sie nicht zu kompliziert. Was für Sie eine Thematik ist, die Ihnen banal erscheint, ist vielleicht für Ihre Leser und potenziellen Mandanten interessant. Versetzen Sie sich in die Rolle Ihres Lesers. Er möchte etwas in allgemein verständlicher Form zu einem Thema erfahren. Denken Sie daran, wie Sie ein Mandantengespräch führen: Dort verstecken Sie sich nicht hinter einer Fachsprache,

Kapitel 9 Wie finde ich mich auf den verschiedenen Netzwerken zurecht?

sondern arbeiten gemeinsam mit Ihren Mandanten an der Lösung eines Problems. Ähnlich ist es auf Ihrem Blog. Selbstverständlich kommt es immer darauf an, welche Zielgruppe Sie eigentlich ansprechen wollen. Wenn Sie Verbraucher ansprechen, so müssen Sie bei mancher Thematik bei Null anfangen. Geht es um konkrete Businessbereiche, so können Sie bei den Geschäftsführern und Vorständen ein Grundwissen voraussetzen.

Es gibt keine Vorgaben für einen juristischen Blogbeitrag. Wenn Sie sich die verschiedenen Seiten der Kollegen anschauen, sind die Beiträge ganz unterschiedlich gestaltet. Um Personen anzusprechen, müssen Sie, dass hatten wir schon festgestellt, authentisch wirken. Damit Sie erst einmal Leser bekommen, müssen sich diese dem Blog annähern und ihn interessant finden. Eine typische Juristensprache ist da eher hinderlich. Verwenden Sie eine entsprechende, bildhafte Sprache. Versuchen Sie auch, bereits durch den Text zu Kommentaren aufzufordern. Gestalten Sie ihn offen, verbinden Sie das Thema mit einer Frage.

Der Beitrag sollte nicht zu lang und in kurzen prägnanten Sätzen gefasst sein. Wenn wir Juristen einen Sachverhalt darstellen, neigen wir dazu, erst einmal zu erklären, was grundsätzlich der Fall ist. Damit sind wir jedoch noch nicht zu Ende. Danach beginnen wir auszuführen, wie es sein könnte, wenn der Fall etwas anders gelagert wäre. Das ist für den Leser eines Blogs verwirrend. Der Leser wird nicht informiert, sondern frustriert.

Sie sollten regelmäßig Beiträge veröffentlichen. Auf der anderen Seite bedeutet das nicht, dass Sie zwanghaft Informationen auf die Seite stellen. Das birgt das Risiko in sich, dass es Informationen ohne Mehrwert und von wenig Interesse für den Leser sind.

Nicht zu jeder Thematik kann man in aller Kürze schreiben. Dennoch sollten Sie nicht ausufernd werden. Nutzen Sie die Möglichkeiten, unterteilen Sie die Thematik und berichten in Serien darüber. Das hat den Vorteil, dass die Leser Ihren nächsten Beitrag erwarten. Nutzen Sie die Schedulefunktion Ihres Blogs. Damit können Sie Blogbeiträge schreiben und automatisch zu einem bestimmten Datum einstellen.

8. Sofort loslegen?

Ein bisschen Planung schadet natürlich nicht. Schauen Sie sich vorher einmal Blogs von Rechtsanwälten im Internet an. Eine gute Übersicht bietet die Seite JuraBlogs. Auf der Seite finden Sie eine Zusammenstellung einer großen Anzahl von juristischen Blogs. Klicken Sie sich durch. Unter der Rubrik »Rechtsgebiete« finden Sie eine große Auswahl. Längst sind nicht nur lediglich die internetaffinen Gebiete (Internetrecht, Datenschutzrecht, Domainrecht, Urheberrecht) vertreten. Schauen Sie sich die einzelnen Blogs und Beiträge an. Sie werden feststellen, dass es durchaus unterschiedliche Formen gibt. In welcher Art Sie bloggen, bleibt Ihnen überlassen. Aber Sie kennen es ja selbst: Wenn Sie die schnelle Information suchen, möchten Sie ein Urteil kurz besprochen wissen und nicht die gesamte Entscheidung durchlesen müssen. Das spricht dafür, die Beiträge unterhaltend und nicht zu lang zu gestalten. Das bloße Setzen von Links allerdings dürfte für das eigene Blog zu wenig sein. Halten Sie es einfach mit den Worten von Albert Einstein: »Alles sollte so einfach wie möglich sein. Aber auch nicht einfacher.«

9. Technische Voraussetzungen

a) Eigen- oder Fremdhosting?

Sie haben die Möglichkeiten, Ihr Blog fremd hosten zu lassen oder ein Eigenhosting durchzuführen. Vorteilhaft an Fremdhosting ist, dass der Blog schnell und kostenlos einzurichten ist. Nachteilig ist allerdings, dass Sie nur eine Unterdomain und keine eigene Domain besitzen. Die Gestaltungsmöglichkeiten beim Design sind begrenzt und die Inhalte liegen nicht auf Ihrem Server. Die Frage ist auch, was mit den Daten auf Ihrem Blog geschieht, wenn ein Blog-Anbieter insolvent wird.

Bloganbieter für fremdgehostete Blogs:
www.blogger.de
www.blog.de
www.blogspot.de
www.myblog.de

Was sind nun die Vorteile beim Eigenhosting? Ziemlich einfach: Ich hatte oben die Nachteile des fremdgehosteten Blogs dargestellt. Diese Nachteile gibt es beim selbst-gehosteten Blog nicht.

Einziger Nachteil des selbst-gehosteten Blogs ist, dass er nicht kostenlos ist. Bei Wordpress können Sie aber bereits für wenige Euro ein Hostingpaket reservieren.

Wordpress ist die am meistgenutzte Blogsoftware, deshalb einige Angaben zum Dienst: Bei Wordpress gibt es eine Anzahl von Designvorlagen, mit der Sie Ihren eigenen Blog ausstatten können. Hinzu kommen folgende Funktionen:

– Feedburner

Damit können sich die Nutzer mit der E-Mail-Adresse in einem vorgesehenen Feld anmelden und erhalten dann automatisch jeden neuen Blogbeitrag Ihres Blogs per E-Mail zugesandt. Das handelt sich also um eine Art Newsletter-Funktion.

– Social PlugIns

Sie können bei Wordpress eine Leiste mit den Symbolen der bekannten Social Media-Plattformen einrichten. Der Nutzer kann dann den Artikel seinen Freunden weiterempfehlen über Google+, Twitter, Facebook und andere Netzwerke.

Kapitel 9 Wie finde ich mich auf den verschiedenen Netzwerken zurecht?

Achten Sie aber darauf, dass Ihre Seite nicht mit zu vielen Tools überfrachtet wird, das wirkt unübersichtlich.

Auf der Seite www.wordpress-deutschland.org finden Sie die Software und die Installationshinweise.

b) Sicherheit

Aus Sicherheitsgründen sollten Sie dafür sorgen, dass die Softwareversion Ihres Blogprogramms immer auf dem aktuellsten Stand ist. Sichern Sie den Zugang zum Account, verwenden Sie keine zu einfachen Kombinationen bei dem Nutzernamen und dem Passwort.

10. Inhalte

Fakt ist: Der Inhalt zählt. Wenn Sie etwas schreiben, müssen Sie an den Nutzen für Ihre Leser denken. Der Inhalt muss einen Mehrwert bieten. Wenn Ihr Blog dann in Fahrt gekommen ist, werden Sie immer mehr Leser bekommen. Davon werden einige den Blog noch direkt im Webbrowser aufrufen, andere werden ihn als RSS-Feed abonnieren. Anhand der Feed-Abonnenten können Sie sehen, wie Ihr Blog tatsächlich in Anspruch genommen wird.

Sie haben oben gelesen, dass die Blogbeiträge chronologisch geordnet sind. Das bedeutet natürlich, dass die älteren Beiträge nach und nach verschwinden. Es bietet sich an, unterschiedliche Kategorien für die Beiträge einzurichten. Das dürfte nicht schwer fallen, auch wenn Sie sich nur auf ein Rechtsgebiet konzentrieren. Wie Sie wissen, hat jedes Fachgebiet seine speziellen Bereiche. Nicht vergessen: Der Leser muss sich unter der Kategorie etwas vorstellen können. Versetzen Sie sich also immer in die Lage Ihrer Leser und erfinden Sie keine Kunstwörter, um eine Kategorie zu eröffnen. Juristische Wortverdreherei schreckt ab.

Apropos: Nur Text kann langweilig wirken. Ein Bild wirkt da manchmal Wunder. Allerdings wissen Sie selbst, dass Sie nicht jedes Bild einfach so auf die Seite stellen dürfen. Näheres dazu in Kapitel 24. Es gibt große Bilddatenbanken im Internet, wo Sie für relativ wenig Geld lizensierte Bilder verwenden können. Recherchieren Sie unter:

http://flickr.com

oder

http://de.fotolia.com/

11. Bekanntheitsgrad des Blogs

Sie werden sich zwischendurch sicher gefragt haben, wie Ihr Blog in den Weiten des Internets überhaupt Leser findet.

Der Zugriff auf einen Blog geschieht durch Suchmaschinen, Verlinkungen von Dritten und Direktzugriffe.

Wie erreichen Sie ein gutes Suchmaschinen-Ranking?

Der Vorteil eines Blogs gegenüber einer Website ist, dass Sie auf einem Blog eine Vielzahl von Texten verfassen, bei denen sich aufgrund der Thematik bestimmte Key-Words immer wiederholen. Das führt zu höheren Ergebnissen bei den Suchmaschinen.

Damit das Blog von den gängigen Suchmaschinen indiziert wird, sollte der Quelltext möglichst suchmaschinenfreundlich sein. Suchmaschinen werten vor allem Überschriften, Links sowie fettgeschriebene Wörter als besonders relevant. Passen Sie Ihre Texte an diese Vorgaben an. Es kann sich durchaus anbieten, einen Profi zu Rate zu ziehen, der sich mit Suchmaschinenoptimierung auskennt.

Nicht nur über Suchmaschinen gewinnt Ihr Blog Leser. Verbreiten Sie die URL-Adresse Ihres Blogs online und offline. Nutzen Sie die Website Ihrer Kanzlei, Ihre E-Mail-Signatur und die Sozialen Netzwerke, in denen Sie präsent sind. Auch Briefbögen und Visitenkarten kommen in Betracht.

VI. Abgrenzung von anderen Angeboten

Sicher: Sie erfinden das Rad nicht neu. Es gibt schon eine anschauliche Zahl von Bloggern im Netz. Dennoch gibt es noch genug Raum für Sie und Ihre Themen. Vorteilhaft ist es in jedem Fall, wenn die Beiträge in Ihrem Blog Inhalte thematisieren, die einen Mehrwert für die Leser bedeuten. Das können durchaus Inhalte sein, die auch in einem oder mehreren Blogs veröffentlicht werden. Noch mehr Chancen bieten sich allerdings, wenn es sich um juristische Themen handelt, die im Netz noch eine Rarität darstellen. Erschließen Sie neue Gebiete – sei es Seehandelsrecht, Zollrecht oder Arbeitnehmererfinderrecht. Allerdings, wie oben bereits dargelegt, ›erfinden‹ Sie keine neuen Gebiete, unter denen sich die Leser nichts vorstellen können. Überlegen Sie zudem, ob Ihre Zielgruppe groß genug ist.

VII. Eine Auswahl juristischer Blogger

Wie bereits erwähnt, existiert eine Vielzahl von bloggenden Kollegen. Anbei eine kleine Auswahl, damit Sie eine Vorstellung davon bekommen, wie vielfältig Juristen ihre Angebote gestalten können und dass nicht nur im internetaffinen Bereich gebloggt wird:

Kapitel 9   Wie finde ich mich auf den verschiedenen Netzwerken zurecht?

▶ **Beispielhafte Blogs von Juristen nach Rechtsgebieten**

Arbeitsrecht
Andreas Martin
http://rechtsanwaltarbeitsrechtberlin.wordpress.com/

Erbrecht
Rechtsanwälte Lehrmann
http://www.erbrechtsblog.de/

Familienrecht
Eric Schendel
http://www.scheidungsblog.com/blog/wordpress/

Immobilienrecht
Axel Sawal
http://www.ra-sawal.de/Wordpress/

IT-/Onlinerecht
Henning Krieg
http://www.kriegs-recht.de

Medienrecht
Markus Kompa
http://www.kanzleikompa.de/

Medizinrecht
Jan Willkomm
http://blog.lex-medicorum.de/

Mietrecht
Andreas Schwartmann
http://www.heimspiel-colonia.de/

Sozialrecht
Ludwig Zimmermann
http://www.sozialrechtsexperte.blogspot.com

Steuerrecht
Michael Kaiser
http://www.steuerrechtblog.de/

Strafrecht
Udo Vetter
http://www.lawblog.de

Verkehrsrecht
Jürgen Frese
http://ra-frese.de/

VIII. Vernetzung der Seiten

Wenn Sie auf mehreren Sozialen Medien Ihre Profile angelegt haben, sollten Sie die Möglichkeit nutzen, auf den verschiedenen Plattformen die jeweils anderen Profile im Netz anzugeben. Bei den meisten Plattformen haben Sie die Möglichkeit, unter »weitere Profile von mir« entsprechende Angaben zu machen. Vorteil ist, dass Sie einen Beitrag nur auf eine Plattform stellen müssen und er damit automatisch in den anderen Netzwerken erscheint.

IX. Das Ende der eigenen Website?

Nachdem Sie sich ein wenig eingelesen haben, haben Sie sich möglicherweise eine Frage gestellt: Wozu benötige ich heute noch eine eigene Website für die Kanzlei, wenn ich mich so umfassend in den Sozialen Medien präsentieren kann?

In der Tat: Sie haben die Wahl. Wenn Sie wollen, können Sie ganz auf eine eigene Website verzichten und sich lediglich auf den von Ihnen bevorzugten Netzwerken präsentieren. Insbesondere für Berufsanfänger erscheint das naheliegend: Die Präsenz in den sozialen Netzwerken ist, wie wir bereits festgestellt haben, mit Zeit, nicht aber mit viel Geld verbunden. Beauftragen Sie einen Webdesigner, eine Website für Sie zu erstellen, die über den normalen Standard hinausgeht, so kann das erhebliche Kosten aufwerfen.

Es gibt jedoch einige Gründe, die für eine eigene Website neben der Präsenz in den Sozialen Netzwerken sprechen. Ein erster Aspekt: Auf Ihrer eigenen Website findet eine Zensur Ihrer Inhalte nicht statt. Die Nutzungsbedingungen der Sozialen Netzwerke dagegen ermöglichen es den Betreibern, Ihre Veröffentlichungen einzuschränken oder sogar Ihren Kanzlei-Account zu sperren. Auf die Schwierigkeiten, die sich durch den Auslandsbezug ergeben, hatte ich in Kapitel 7 hingewiesen. Daneben sollten Sie berücksichtigen, dass die Netzwerbetreiber ihre Dienste einschränken oder sogar beenden können. Das mag Ihnen aus heutiger Sicht unwahrscheinlich vorkommen, aber das Internet ist schnelllebig.

Mit Ihrer eigenen Website haben Sie in der Regel bessere Nutzungsmöglichkeiten für ein Onlinemarketing. Ihre Mandanten sind gegebenenfalls noch traditionell und erwarten Ansprechmöglichkeiten per E-Mail oder per Newsletter.

Kapitel 9   Wie finde ich mich auf den verschiedenen Netzwerken zurecht?

Zu Ihrer Website gehört Ihre Domain. Unter einem guten Domainnamen prägt sich Ihre Kanzlei, ihre Marke, besser ein.

Nutzen Sie die Angebote der sozialen Medien neben und nicht statt Ihrer Website. Verbinden Sie Ihre Website mit Ihrem Auftritt in den Sozialen Medien.

Kapitel 10 Der Einstieg in die Sozialen Medien

I. Vorbereitung

Sie haben sich nun mit verschiedenen Formen von Sozialen Medien auseinandergesetzt. Als nächstes stellt sich die Frage, wie der Social Media-Auftritt organisiert und koordiniert werden soll.

Viele Leser dieses Buches werden allein in eigener Kanzlei oder in kleinen Sozietäten tätig sein. Die interne Aufgabenverteilung dürfte daher leicht zu praktizieren sein. Social Media-Aufgaben sollten Sie nicht an Praktikanten und Referendare verteilen. Social Media ist Chefsache. Was nicht heißt, dass juristisches Personal keine Hilfestellung leisten kann.

Wichtig ist es, die richtige Zielgruppe anzusprechen. Sie sollten auf jeden Fall Informationen zu den Reichweiten von Social Media-Plattformen zu Nutzerzahlen und Profilen vor dem Start Ihrer Aktivitäten auswerten. Allerdings: Sie werden dazu im Netz nicht alles finden und sollten zudem im Hinterkopf behalten, dass Erfolg und Niedergang bei verschiedenen Social Media-Plattformen eng beieinander liegen. Nehmen Sie einen Anbieter wie studiVZ. Vor wenigen Jahren hatte dieser Anbieter wesentlich mehr Nutzer in Deutschland, als Facebook. Das hat sich umgekehrt. Wenn Sie also die Zielgruppe Studenten hatten (beispielsweise weil Sie auf Hochschulrecht spezialisiert sind) so lohnt es sich nur noch eingeschränkt, auf studiVZ zu sein. Die Studenten sind längst zu Facebook übergelaufen.

Ein guter Einstieg, um sich über Plattformen zu informieren, bietet die Seite www.socialmediaplanner.de. Hier finden sich Angaben zur Altersgruppen, zu eher männlichen und eher weiblich genutzten Plattformen und zu verschiedenen Themengebieten.

Ein Beispiel: Sie sind auf Reiserecht spezialisiert. Auf der Themenseite finden Sie die Rubrik »Reisen«. Wenn Sie diese anklicken, finden Sie derzeit zehn Plattformen, die sich mit Reisen beschäftigen (unter anderem bekannte Anbieter wie z.B. tripadvisor, holidaycheck und trivago). Sie können diese nach Aktivität oder Reichweite sortieren. Klicken Sie auf die entsprechenden Seiten, so finden Sie dort die Angaben zur der Altersstruktur, zu der Geschlechtsverteilung, zum Aktivitätsindex und zur Reichweite. Schauen Sie an, wie Sie sich auf den für Sie interessanten Seiten einbringen können. Es gibt auch Wege abseits der großen Sozialen Netzwerke.

II. Social Media-Beratung

Sie sind auf einer Stufe, von der aus es losgehen kann mit dem Auftritt in den Sozialen Medien. Nun sollten Sie überlegen, ob Sie Ihr Vorhaben selbst realisieren möchten oder ob Sie die Begleitung einer Social Media-Beratung präferieren. Wir sind nun an einem Punkt angelangt, an dem Sie unter Umständen ein wenig Geld in die Hand nehmen müssen, um Ihre Ziele zu verwirklichen.

Was macht aber ein Social Media-Berater eigentlich? Er hilft Ihnen bei der Strategieentwicklung und ist Ihnen auch bei der Umsetzung behilflich. Die Kommunikation auf den Netzwerken kann und sollte er nicht übernehmen. Bei der Auswahl sollten Sie mit Bedacht vorgehen. Social Media ist modern und so gibt es eine große Anzahl von Social Media-Beratern. Die Qualität solcher Berater kann durchaus unterschiedlich sein. Hinzu kommt, dass der Social Media-Auftritt von Anwälten sich von regulären Unternehmen etwas unterscheidet – nehmen Sie die Werbevorgaben aus § 43b BRAO. Ein Grundverständnis des Beraters hierfür sollte zu erwarten sein. Daneben sollte Ihr Berater auf eine längere Erfahrung in Zusammenhang mit Social Media zurückblicken.

Einen amüsanten und trotzdem anschaulichen Überblick, wie ein Social Media-Berater nicht sein sollte, finden Sie in den Thesen von Wolfgang Lünenbürger-Reidenbach unter dem Link http://www.slideshare.net/luebue/feuern-sie-ihren-social-media-berater-manuskript.

Teil 3 **Interview mit einer Spezialistin im Social Media-Recht**

Teil 3 Interview mit einer Spezialistin im Social Media-Recht

Alle Theorie ist grau. Wie gehen Anwälte tatsächlich mit den Sozialen Medien um? Zu diesem Zweck habe ich ein Interview mit einer Kollegin geführt, die nicht nur in den Sozialen Netzwerken präsent ist, sondern sich zudem auf das Social Media-Recht spezialisiert hat.

Nina Diercks ist Rechtsanwältin, Herausgeberin des Social Media-Recht-Blog (http://socialmediarecht.wordpress.com) und betreibt eine eigene Kanzlei in Hamburg (http://www.socialmediarecht.de). Sie hat ihre praktischen Erfahrungen in der Medienwelt gesammelt und berät Unternehmen auf allen Gebieten des Rechts der Sozialen Medien.

Oberwetter: Frau Diercks, wir sitzen uns jetzt in Ihrer Kanzlei so gegenüber wie Anwalt und Mandant. Sie sind im Social Media-Bereich sehr viel unterwegs. Wie häufig kommt bei Ihnen dieses klassische Mandantengespräch noch vor?

Diercks: Tatsächlich sehr selten. Ich hatte zwar solch ein Gespräch diese Woche, dem ging allerdings Folgendes voraus: Der Mandant fragte, ob wir uns vor Beginn der Arbeit noch einmal treffen sollten. Darauf entgegnete ich, dass sei nicht nötig, da ich alle Informationen bereits hätte. Im Hinterkopf hatte ich auch die Kostenersparnis für meinen Mandanten. Dieser kam aber aus einer doch sehr konservativen Branche und erwiderte: »Naja, also wir würden gerne im größeren Umfang mit Ihnen zusammen arbeiten und wir würden Sie dann doch gerne noch einmal kennenlernen.« Daraufhin entschuldigte ich mich selbstverständlich und signalisierte, dass auch ein Treffen überhaupt kein Problem wäre.

Für mich ist das klassische Treffen mit den Mandanten in der Kanzlei schlicht relativ unüblich, da ich meine Mandanten zum großen Teil über die Sozialen Medien und/oder Vorträge kennenlerne und diese in ganz Deutschland sitzen. Es wird von beiden Seiten in der Regel nicht für notwendig erachtet für ein schlichtes weiteres »Kennenlernen«, sprich die Tasse Kaffee, mehrere hundert Kilometer zurückzulegen. Treffen in der analogen Welt finden dann statt, wenn ich bspw. zu Workshops bei den Mandanten reise oder wenn man sich ohnehin auf einer der einschlägigen Tagungen trifft. Ansonsten läuft die komplette Kommunikation und Mandatsarbeit über das Web und das gute alte Telefon.

Oberwetter: Und Ihre Mandanten, um wen handelt es sich da?

Diercks: Das ist ganz unterschiedlich. Das sind Venture-Capital finanzierte Start-ups, Personalabteilungen mittelständischer und großer Unternehmen sowie Agenturen und Verbände.

Oberwetter: Das hört sich ja nicht ganz klein an. Was sagen Sie denn zu den Kollegen, die der Meinung sind, wer im Internet bloggt, habe zu viel Zeit?

Diercks: Da kann ich, ehrlich gesagt, mittlerweile nicht mehr als ein müdes Lächeln aufbringen. Als ich Kollegen erstmals erklärte, dass ich Beratung im Bereich Social Media anbieten und wie ich das umsetzen möchte, bin ich dafür schlicht ausgelacht worden. Doch ohne meinen Blog und die flankierenden sonstigen Social Media-Maßnahmen (Facebook-Fanpage, Twitter und Google+) stünde ich sicher nicht da, wo ich heute bin. Zugegebenermaßen ist das Bloggen ebenso wie die sonstige Social Media-Kommunikation sehr zeitintensiv. Doch Vertrieb – und nichts anderes ist letztlich auch der Blog bzw. die gesamte Kommunikation über die sozialen Medien – kostet immer Zeit. Da ist es gleichgültig, in welcher Form ich ihn betreibe. Wenn ich abends auf eine Veranstaltung in einen Business Club gehe, kostet das auch Zeit.

Oberwetter: Haben Sie aus dem Kreis von Mandanten oder potenziellen Mandanten Ähnliches gehört, also dass Bloggen etwas für Anwälte mit zu viel Zeit ist?

Diercks: Nein, nie. Die Frage ist natürlich, wie viel jemand bloggt. Ich muss ehrlich zugeben, es gibt Kollegen, die bloggen wirklich immens viel und haben dazu noch bis zu zehn Updates am Tag, in dem sie über die sozialen Netzwerke Urteile herumschicken. Darüber bin ich sehr dankbar, denn für mich sind das tolle Informationsquellen. Ich frage mich aber auch, wie sie so viel Zeit haben können. Bei mir ist die Frequenz unterschiedlich. Durch die vielen Vorträge, die ich halte, muss das Bloggen gelegentlich hinten anstehen. Man sollte auch nicht meinen, dass jeden Tag ein Artikel veröffentlicht werden muss oder jeden zweiten Tag. Das spielt sich ein. Am Anfang ist es natürlich wichtig, wenn man sich überhaupt einen Namen machen will, eine gewisse Frequenz zu haben. Aber ich habe nie jeden Tag gebloggt. Das geht meines Erachtens gar nicht, jedenfalls dann nicht, wenn man auch noch bezahlte Arbeit zu erledigen hat.

Oberwetter: Bloggen kann unterschiedlich sein, in der Frequenz und in der Länge der Beiträge. Kann ich es mir als Anwalt nicht leicht machen und nur Links verschicken, mit einem kurzen Hinweis? Das ist doch schnell gemacht.

Diercks: Das sind meines Erachtens keine Blog-Postings, sondern entspricht den Inhalten, die in der Regel über Netzwerke wie Google+ oder Twitter verbreitet werden.

Oberwetter: Nochmal auf das Thema von eben. Neben dem Vorurteil, dass ein bloggender Anwalt zu viel Zeit hat, haben manche Anwälte den Eindruck, dass durch die Nutzung von Sozialen Medien das Bild des seriösen Anwalts verzerrt wird, z.B. weil die Anwälte in ihren Blogs sehr plakativ auftreten. Glauben Sie, dass das eine Gefahr ist? Gibt es womöglich schon Anwälte, die aus der Rolle fallen?

Diercks: Dafür gibt es zwar tatsächlich bereits Beispiele. So ist augenscheinlich ein ganzes Geschäftsmodell darauf ausgerichtet, damit Geld zu verdienen, potenziellen Mandanten via den Sozialen Medien möglichst Angst zu machen. Zu allem Überfluss, wohl um den Angsteffekt zu verstärken, werden dann auch falsche oder zumindest nicht vollständige Informationen vertrieben. Aber letztlich ist es wie immer und überall. Social Media ist nur ein Instrument, nur ein weiterer Kommunikationskanal. Der wiederum ein wenig auffälliger und schneller sein

Teil 3 Interview mit einer Spezialistin im Social Media-Recht

mag als bisherige, die Verbreitung ist natürlich auch viraler. Man sollte dabei aber nicht vergessen, dass es früher ebenfalls schwarze Schafe unter den Kollegen gab, die sich mit merkwürdigen Verhaltensweisen einen Ruf aufgebaut haben und genauso ist es eben heute auch – ob mit oder ohne Social Media. Hinsichtlich des durchaus immer noch bestehenden Vorurteils der mangelnden Seriosität muss jeder selbst entscheiden, ob er einen (vermeintlichen) Reputationsschaden erleidet, wenn er Social Media nutzt. Ich halte das für eine überholte Meinung. Was sollte daran unseriös sein, Informationen im Internet aufzubereiten? Es gibt qualitativ sehr hochwertige Blogs. Zudem gibt es in diesem sehr jungen Bereich so gut wie keine Literatur; schließlich ändert sich die Sach- und die Rechtslage auch derart schnell, dass kaum jemand bereit ist, hierzu ein Buch zu veröffentlichen. Schon in Folge dessen beschränkt sich der Schlagabtausch auf Fachzeitschriften und eben Blogs. Dabei muss es aber auch nicht zwingend so sein, dass jeder Blog ein erweitertes Fachmedium darstellt oder darstellen muss. Beim Lesen meiner Blog-Postings mag vielleicht der eine oder andere Kollege denken, dass das jeweilige Thema juristisch recht oberflächlich abgehandelt wurde. Das ist es für einen Juristen möglicherweise tatsächlich. Allerdings sind meine Artikel in erster Linie auch nicht für Kollegen, sondern für juristische Laien geschrieben (auch wenn recht viele Kollegen meinen Blog abonniert haben). Der Köder muss dem Fisch und nicht den anderen Anglern schmecken.

Oberwetter: Ich habe gesehen auf JuraBlogs gibt es eine große Anzahl von Blogs, 513 juristische Blogs sollen es derzeit sein. Ist Ihnen eigentlich mal was von Abmahnungen bekannt geworden? Oder von Haftung, weil man über etwas publiziert hat?

Diercks: Ich meine, das sind unbegründete Ängste. Natürlich informiert man auf man auf seiner eigenen Blogseite noch einmal ausdrücklich darüber, dass die vorliegenden Informationen keine Rechtsberatung darstellen und eine solche keinesfalls ersetzt. Und: Der Kollege, der sich die Mühe macht, irgendwelche Kleinigkeiten abzumahnen, hat vermutlich wirklich zu viel Zeit.

Oberwetter: Schädigen Anwälte sich nicht selbst, wenn Sie wichtige juristische Neuigkeiten bloggen? Die potenziellen Mandanten sind dann gut informiert und benötigen gar keine Beratung mehr?

Diercks: Das ist ein falscher Ansatz. Ich sehe eher das Gegenteil: Durch die Information wird der Beratungsbedarf erst geweckt. Die Personen, die den Blog lesen, filtern die für sie wichtigen Informationen heraus und kommen auf mich zu, wenn Sie der Auffassung sind, jetzt muss gehandelt werden.

Oberwetter: Als Sie sich entschieden haben, ihr Konzept durchzuführen: Haben Sie sich von Externen beraten lassen, z.B. Werbeagenturen? Sollte man sich von Fachleuten beraten lassen, die sich mit Social Media auskennen?

Diercks: Ich habe es nicht getan. Man sollte es aber tun. Warum der Unterschied? Ich habe seit 1999 in den Medien gearbeitet, in den verschiedensten Hamburger

Verlagshäusern, in PR-Abteilungen, in Redaktionen, im Projektmanagement. Ich kenne die Medien- und Werbelandschaft seit über zehn Jahren. Ich weiß wie die Uhren ticken, was da verlangt wird. Daher habe ich keine zusätzliche Beratung in Anspruch genommen. Wenn man Familienrechtler ist und sagt, vielleicht macht das Sinn, in die Sozialen Medien einzusteigen, würde ich mir in jedem Fall Beratung einholen. Der größte und klassische Fehler ist im Moment, dass viele denken, Social Media ist so einfach, es kostet kein Geld, es kostet keine Zeit und jeder kann das machen. Am Ende ist dann die Enttäuschung groß, weil es doch nicht so einfach funktioniert. Man braucht einfach eine Strategie. Wenn man sehr wenig Ahnung von dieser Materie hat, sollte man sich beraten lassen.

Oberwetter: Sie sprachen eben vom Familienrechtler. Meinen Sie, Social Media ist auch für die Anwälte interessant, die man nicht so schnell mit dem Internet und Sozialen Medien in Verbindung bringt? Also den Sozialrechtler oder den Verkehrsrechtler? Sind die Zielgruppen solcher Anwälte über Soziale Netzwerke erreichbar?

Diercks: Genaues kann ich dazu natürlich nicht sagen, aber ich halte das für möglich. Genau dafür benötigt man Beratung: Wo kann ich meine Zielgruppe erreichen und wie kann ich das?

Oberwetter: Noch einmal zu Ihren Tätigkeiten: Ich habe gesehen, Sie dozieren viel. Ist das auch eine Tätigkeit, die sich aus Social Media entwickelt hat?

Diercks: Ja, tatsächlich. Ich habe die ersten Anfragen bekommen, mich bewährt und mittlerweile muss ich mir aus Zeitgründen überlegen, welche Vortragstätigkeiten ich noch annehmen kann.

Oberwetter: Ich nehme an, daraus ergeben sich auch wieder Mandate. Sie lernen die Teilnehmer auf den Events kennen und daraus ergibt sich etwas?

Diercks: Ja, aber es ist natürlich ein doppeltes Spiel. Man muss nicht glauben, weil man auf einer Tagung ist, wo 50 bis 100 Entscheider vor einem sitzen, man würde am nächsten Tag von drei Leuten angerufen. So ist es nicht. Aber es gibt einen Rückkopplungs-Effekt mit den Social Media-Kanälen wie folgt: Nach dem ich einen Vortrag gehalten habe, vermerke ich in den nächsten Tagen in der Regel einen Anstieg der Blog-Abonnenten, der Fan-Zahlen auf Facebook und/oder der Twitter-Follower. Der potenzielle Mandant steht also mit mir in Kontakt und bekommt regelmäßig über den einen oder anderen Kanal meine Updates. Insoweit bin ich präsent und wenn beim (potenziellen) Mandanten dann ein Problem auftaucht, ist man da.

Oberwetter: Und daraus resultieren vermutlich auch Ihre mehr 1.000 Google+ Personen, die Sie in Ihren Kreisen haben? Das ist ja eine ganze Menge. Denn Google+ gibt es erst seit ungefähr drei Monaten. Sind das alles ihre potenziellen Mandanten?

Teil 3   Interview mit einer Spezialistin im Social Media-Recht

Diercks: Das kann man so natürlich nicht sagen. Sicher befinden sich unter den Followern auch die üblichen 100 Versicherungs- und Immobilienmakler sowie Coaches und sonstige Lebensberater. Schließlich kann mich jeder in Google+ in seine Kreise aufnehmen. Aber der ganz überwiegende Teil davon sind Leute, die es interessiert, was ich zu sagen habe und nicht wenige davon sind Entscheider. Außerdem werden meine Beiträge weiterverbreitet und auch dadurch kommen immer mehr (entscheidende) Kontakte zustande.

Oberwetter: Wo wir gerade bei ihren Beiträgen sind: Wie gehen Sie mit kritischen Kommentaren um? Gibt es die?

Diercks: Sicher. Das ist nun mal so, wenn man sich auf die ›Bühne‹ begibt. Da haben wir wieder die ganz klassische Angst vor Social Media. Fakt ist, man hat keine Kommunikationskontrolle mehr, so wie das früher war. Mal ein Vergleich mit einem Unternehmen: Früher hatten sie Ihre Unternehmenskommunikationsabteilung und da wurde dann knallhart selektiert, was an Informationen herausgegeben wird und was nicht. Das funktioniert nicht mehr. Denn über Sie bzw. Ihr Unternehmen wird ohnehin gesprochen: Kritik wird im Zweifel in irgendeinem Forum oder über die Sozialen Netzwerke laut. Insoweit ist es geschickter, eigene Kanäle anzubieten und selbst in die Kommunikation zu treten. Ich selbst bin noch nie persönlich angegriffen worden, inhaltlich gibt es aber durchaus immer wieder Gegenwind. Darunter sind manchmal durchaus Sachen, über die ich mich ärgere. Z.B. wenn der Tonfall nicht mehr stimmt und/oder dabei sachfremde Argumente vorgetragen werden. Diesen Ärger sollte man aber nicht zu sehr an sich herankommen lassen. Man muss auch überlegen, in wieweit man auf solche Kommentare eingehen muss, schließlich gilt immer noch »Don't feed the trolls!«. Hat man jedoch einmal ein bisschen Gefühl für diese Social Media-Welt gewonnen, dann kann man das im Einzelfall auch ganz gut einschätzen.

Oberwetter: Gibt es jetzt für den Anwalt, der sich in die Sozialen Medien begeben will ›ein Rezept‹ was er als Erstes machen sollte? Ein Blog ist ihm vielleicht zu anstrengend, sollte er erst einmal sein Glück auf Twitter versuchen?

Diercks: Das muss letztlich natürlich jeder für sich selbst entscheiden. Aber wie bereits gesagt, es geht um eine Strategie wie bei jedem Unternehmensstart. Was bin ich? Was kann ich? Wo will ich hin? Wie will ich das erreichen? Wenn man sagt, ich will Social Media machen und einen tollen Effekt haben, aber zeitlich großen Arbeitsaufwand vermeiden, dann sollte man es lassen. Social Media ist aufwendig. Es kann ein äußerst wirkungsvoller Vertriebs- und Kommunikationskanal sein. Aber zu glauben, dass das mit einem geringen Einsatz zu erreichen ist, ist ein absoluter Irrtum.

Oberwetter: Wenn wir das mal weiterspinnen, jetzt könnte ich als Anwalt sagen: »Okay, ein gewisser Arbeitsaufwand ist erforderlich, aber ich habe einen Referendar und ich habe ein paar studentische Hilfskräfte, die lasse ich das befeuern.« Was würden Sie dazu sagen?

Diercks: Blogs werden in der Regel aus zwei Gründen gelesen. Zum einen muss der Informationsgehalt stimmen. Dazu reicht es einfach nicht, wenn ein Referendar damit beauftragt wird, möglichst stark die Kanäle zu befeuern, unablässig aktuelle Urteile herauszusuchen und zu veröffentlichen, frei nach dem Motto »Hauptsache, es passt irgendwie.« Dazu gibt es ein schönes Negativbeispiel von einem wahrlich nicht kleinen Baukonzern. Dieser kündigte groß an, nun Social Media vor allem über Twitter zu betreiben. Vor kurzer Zeit haben sie dann mitgeteilt, dass Social Media kein wirksames Werbeinstrument wäre, es funktioniere nicht. Warum hat es nicht funktioniert? Weil der Konzern ausschließlich Pressemitteilungen sowie immer wieder die allgemeine Unternehmens-URL verbreitet hat, keine Informationen mit Mehrwert. Natürlich funktioniert das nicht. Warum sollte jemand einen Twitter-Account mit den üblichen Pressemitteilungen abonnieren? Die gibt es schließlich auch woanders (ebenso wie Urteile etc.) Zum anderen ist für einen Blog oder jeglichen Social Media-Kanal die Authentizität wichtig. Viele Blogs, Twitter-Accounts und Fanpages werden aufgrund einer gewissen Tonalität, eines authentischen Mehrwerts gefolgt. Da darf und soll – in professioneller Weise – durchaus die Persönlichkeit der Person, die für das Unternehmen tätig ist, durchblitzen. Prominente Beispiel sind hier Stefan Keuchel von Google sowie Uwe Knaus von Daimler. Natürlich können das auch mehrere Personen sein, aber es muss über eine Person koordiniert und in sich abgestimmt sein. Ein Referendar schwindet spätestens nach ein paar Monaten wieder. Wie soll es da die notwendige Kontinuität geben? Nicht zu vergessen: Nicht jeder Referendar hat das Talent zum Schreiben und zur Kommunikation. Vielleicht muss man sich auch für sich selbst überlegen, ob ein Blog das Richtige ist, wenn einem das Schreiben eher fern liegt. Das soll nicht missverstanden werden, ich will niemandem Social Media ausreden. Aber es muss bewusst sein, dass Social Media einen nicht unerheblichen Aufwand bedeutet.

Oberwetter: Da komme ich auch schon fast zur letzten Frage. Wie sehen Sie die Entwicklung Social Media und Anwälte? Wie sieht es damit in fünf Jahren aus? Kann man sich der Sache entziehen? Ich meine jetzt nicht die Kollegen, die ohnehin kurz vor dem Ruhestand stehen, sondern die Altersgruppe der Newcomer bis hin zu den Kollegen im »besten Alter«? Können die Social Media außen vor lassen oder meinen Sie, es geht in eine Zeit hinein, in der die die Anwälte dort sogar präsent sein müssen?

Diercks: Das ist schwer. Wenn Sie jetzt mit einem Mandanten von mir sprechen würden, würde er sagen, »Wer in fünf Jahren nicht irgendwo in den sozialen Medien vertreten ist, ist weg vom Fenster«. Der kommt aber auch aus dem Social Media-Marketing. Vielleicht trifft es die klassische Juristenantwort eher: Es kommt darauf an. Wenn sich jemand auch nur im Entferntesten mit Medien beschäftigt, dann muss er über kurz oder lang in Social Media präsent sein. Ich kann als Anwalt nicht sagen, ich bin ihr Medienberater und weiß nicht wie ein essenzieller Teil unserer Medienkultur tatsächlich funktioniert. Das geht einfach nicht. Es sei denn er sagt, »Ja gut – ich habe jetzt irgendwie schon mein Mandan-

Teil 3 Interview mit einer Spezialistin im Social Media-Recht

tenportfolio, das ist groß und reicht auch bis zu meinem Ruhestand«. Ob es für einen Familien-, Arbeits- oder Strafrechtler zwingend ist, in die Sozialen Medien zu gehen, weiß ich nicht. Wenn man andere gute Vertriebsstrukturen hat, mögen diese hin- und ausreichend sein. Jedoch sollte bedacht sein: Auch Leute, die einen Scheidungsanwalt suchen, schauen im Internet.

Oberwetter: Noch eine Frage, bevor ich jetzt zum Abschluss komme. Es gibt Stimmen die sagen: Wer die Social Media-Kanäle nutzt, benötigt gar keine eigene Website mehr. Ist das richtig?

Diercks: Diese Meinung oder Theorie gab es mal vor zwei Jahren, das ist heute kein Thema mehr. Social Media ist nur dann wirklich gut, wenn ich einen Punkt habe, auf den die Mandanten zurückkommen können, um sich neben all den Informationen, die Social Media bieten, konkret über Dienstleistungen zu informieren und diese ggf. in Anspruch nehmen zu können. Ganz ohne Website geht es nicht.

Oberwetter: Frau Diercks, Ich danke Ihnen für das Gespräch!

Teil 4 Marketing in Sozialen Medien

Kapitel 11 Grundsätze

Wenn Sie Marketing betreiben, müssen Sie sich im Bereich von Social Media für ein bestimmtes Marktsegment entscheiden. Das ist anders, als z.B. bei einem Anwalt in einer Kleinstadt, der sich nicht im Internet bewegt. Der Anwalt in der Kleinstadt kann sich als Generallist präsentieren. Er kann darstellen, dass er Ansprechpartner für alle rechtlichen Fragen ist. Er macht den Gesellschaftsvertrag für den Autohändler vor Ort, entwirft die Arbeitsverträge für die Mitarbeiter, bearbeitet die Verkehrsordnungswidrigkeiten seines Mandanten, handelt den Grundstückskaufvertrag des Eigenheims aus und betreut schließlich seinen Mandanten bei der Scheidung. Das ist in einer Kleinstadt sicher das richtige Konzept, es entstehen ohnehin persönliche Bindungen und man ist der Hausanwalt. Überlegen Sie nun, wie das gleiche Angebot in sozialen Netzwerken aussieht. Ein »Feld-Wald-und-Wiesen-Anwalt«, der zwar vieles macht, aber von nichts so richtig Ahnung hat. Das ist der erste Eindruck. Potenzielle Mandanten erwarten von Ihnen Veröffentlichungen und Posts zu bestimmten Themen. Ein Allgemeinportal wäre ihnen zu langweilig, da zu viele Informationen erst gar nicht ihr Interesse finden. In Social Media haben Sie die Möglichkeit, sich den Ruf eines Spezialisten zu erwerben. Damit löst sich auch die nächste Frage, die der geografischen Segmentierung. Als Spezialist können Sie bundesweit Ihre Dienstleistungen anbieten. Vieles geht heute nur noch über Internet und Telefon. Ich habe einige Mandanten, die ich noch nie gesehen habe. Sie sollten im Rahmen des Marketings selbstverständlich auch überlegen, wie viel Mandanten Ihr Fachsegment eigentlich hergibt. Eine weitere Frage ist dann, wie zahlungskräftig eigentlich die Klientel ist, die Sie ansprechen wollen.

Ein Beispiel: Betriebskostenrecht im Mietrecht ist eine sehr spezielle Materie, bei der Sie grundsätzlich mit Wissen punkten können. Die Vermieterseite wird allerdings häufig schon durch Grundstücksverbände vertreten. Es bleiben also die Mieter, die auf Ihre Beiträge aufmerksam werden. Leider sind die Streitwerte in solchen Auseinandersetzungen sehr gering. Geld wird also damit nicht zu machen sein. Im Idealfall sind Sie bereits spezialisiert und sind in dem Segment tätig, in dem Sie sich zu Hause fühlen.

In der Bundesrepublik Deutschland gibt es mittlerweile mehr als 155.000 Rechtsanwälte. Es gibt keinen Anbieter, der alle Leistungen für alle möglichen Mandanten erbringt. Das ist selbst bei großen Kanzleien nicht so: Häufig gibt es eine Spezialisierung auf bestimmte Branchen. Ein Anwalt, der Marketing betreibt, wird sich also für ein bestimmtes Marksegment entscheiden. Für das Marketing in den Sozialen Medien gelten keine anderen Grundsätze. Wenn Sie sich also für Marketing in Sozialen Netzwerken entscheiden, sollten Sie sich Gedanken über Ihr Marktsegment machen. Wenn Sie bereits spezialisiert sind, haben Sie ohnehin schon eine Vorentscheidung getroffen, die Sie dann in den sozialen Medien fortführen werden. Sie besitzen die Möglichkeit einer fachlichen Segmentierung.

Wenn Sie bereits stark fachlich spezialisiert sind, können Sie das Wissen, dass Sie besitzen, ohne großen Aufwand in Sozialen Medien belegen. Sie müssen sich dann natürlich auch die Frage stellen, wie Sie Ihre potenziellen Mandanten in diesen Fachgebieten erreichen können. Der rasante technische Fortschritt führt dazu, dass sich Anwälten ganz neue Beratungsspektren eröffnen. Nehmen wir nur das Gebiet, um das es hier geht: Social Media. Der Bereich des Social Media-Rechts durchdringt die traditionellen juristischen Dezernate.

Übrigens keine Angst davor, durch Spezialisierung Mandate zu verlieren oder Umsatzeinbußen hinnehmen zu müssen. Nach einer Fachanwaltsstudie des Soldan-Instituts von Oktober 2011 gibt es kaum Mandatsverluste durch Spezialisierung. 72% der Befragten gaben an, keine unerwünschten Verluste an Mandanten erlitten zu haben. Im Übrigen würden die Verluste an diesen Mandanten in der Regel durch höhere Umsätze im Spezialgebiet ausgeglichen.

Neben der reinen fachlichen Segmentierung ist auch eine Fokussierung auf bestimmte Kunden möglich. Nehmen wir beispielsweise die Ärzte: Dort gibt es gewisses Standesrecht, Ärzte sprechen eine bestimmte (medizinische) Sprache. Wenn Sie in Sozialen Medien diese Gruppe ansprechen wollen, müssen Sie deren Sprache verstehen und deren Umgangsformen. Auch hier gilt wieder: Zuhören und dann teilnehmen.

Allerdings sind Sie auch in den Sozialen Netzwerken nicht allein. Es finden sich genug Kollegen, die in Wettbewerb zu Ihnen stehen. Schauen Sie sich an, wie viel Anwälte neben Ihnen in den von Ihnen angesprochenen Gebieten unterwegs sind. Immerhin: Im Gegensatz zu früheren Zeiten, wo Sie nur registrieren konnten, wie viel Wettbewerber in Ihrem Umfeld die gleiche Fachanwaltschaft haben, können Sie nun verifizieren, welche Qualität die Veröffentlichung von Wettbewerbern haben. Sie besitzen die Möglichkeit über den Informationswert anderer Blogs hinaus weitere Beiträge zu veröffentlichen und können damit einen echten Mehrwert bieten. Sie können sich auch aus den Inhalten der Wettbewerber bedienen (natürlich nicht mit der Copy-and-Paste Methode, sondern lediglich im Hinblick darauf, welche Themen virulent sind). Letztlich können Sie sich nach Durchforstung Ihrer Wettbewerber eine Nische am Markt suchen, die noch keiner bedient oder nur wenige. Es ist grundsätzlich möglich, als Anwalt virtuell im gesamten Bundesgebiet tätig zu sein. Dabei müssen Sie jedoch auch bedenken, dass potenzielle Mandanten noch die räumliche Nähe zu schätzen wissen. Ich habe die Erfahrung gemacht, dass viele meiner Mandanten, die zunächst online zu mir kamen, es doch interessierte, an welchem Standort ich sitze und mich schließlich auch persönlich kennenlernen wollten.

Sie sollten nicht zu marktschreierisch auftreten. Das ist Ihnen bereits aus berufsrechtlichen Gründen verwehrt. Im Übrigen schreckt offensichtliche Werbung die Zuhörer in Sozialen Netzwerken ab. Niemand möchte beschallt werden, wie fantastisch Ihre Kanzlei ist, welche großen Fälle Sie schon betraut haben. Das ist keine Form der Kommunikation. Das heißt natürlich nicht, dass Sie mit Ihren

Meriten zurückhaltend sein müssen. Wenn Sie einen juristischen Fachaufsatz in der NJW veröffentlicht haben, können Sie das selbstverständlich mitteilen.

Networking bedeutet persönliche Kontakte aufzubauen, zu pflegen und daraus Mandanten zu gewinnen. Erfolgreiches Netzwerken im Bereich von Social Media hat zwei grundsätzliche Eigenschaften, nämlich Hilfsbereitschaft und Vertrauen. Hilfsbereitschaft bedeutet, dass Sie bemüht sind, dem Anderen weiterzuhelfen und nicht nur Kontakte zum eigenen Nutzen suchen. Vertrauen bezieht sich auf Qualität Ihrer Leistung. Sie können auf Vertrauen bauen, wenn Sie diskret mit Informationen umgehen, ehrlich und verlässlich sind.

Die Sozialen Medien bieten Ihnen beste Gelegenheit, sich zu positionieren. Und das müssen Sie auch, wenn Sie potenzielle Mandanten akquirieren wollen. Sie müssen die Positionen Ihrer Wettbewerber vergleichen und nach Lücken in deren Portfolio suchen. Diese Lücken können Sie dann in den Sozialen Medien darstellen. Bezüglich Ihres Marketings müssen Sie sich überlegen, was Sie erreichen wollen. Das kann durchaus unterschiedlich sein. Am nahe liegendsten sind sicher wirtschaftliche Faktoren, die die langfristige Sicherung Ihrer Existenz, die Erhöhung von Mandats- und Umsatzzahlen möglichst bei Einsatz von weniger Arbeitszeit. Allerdings gibt es auch andere Faktoren, persönliche Selbstverwirklichung durch interessante Fälle und ein angenehmes Mandatsklientel.

Kapitel 12 Konkret: Erreichen der Zielgruppe

Für uns Anwälte ist es wichtig, unsere Klientel in den Netzwerken oder auf unseren Blogs anzusprechen. Das ist jedoch leichter gesagt als getan. Der erste Schritt ist es, den Bereich aufzusuchen, in den man gehen möchte und dort ein Netzwerk aufzubauen, wie es oben beschrieben wurde: Auf den Sozialen Netzwerken interessanten Personen folgen oder sie in seine Kreise einbinden und sich beteiligen.

Es ist sicher gleichwohl sinnvoll, die Communities aufzusuchen, die sie ansprechen möchten und sich dabei auf kleineren Plattformen zu bewegen. Die Kanzleiseite auf Facebook hat theoretisch einen Verbreitungsgrad von 20 Millionen Besuchern, aber wenn Sie auf Steuerstrafrecht spezialisiert sind, kommen von den 20 Millionen nur wenig in Betracht. Wenn Sie einen Artikel in einer Gruppe bei XING zum Verhalten bei Hausdurchsuchungen durch die Steuerfahndung schreiben, kommen Sie der Sache schon näher. Fokussieren Sie sich dabei aber nicht zu sehr auf die juristischen Gruppen, sondern versetzen Sie sich in die Rolle ihres potenziellen Mandanten. Es ist dabei wie im ganz normalen Leben: Wenn Sie auf Akquisetour sind, werden Sie in einen Business Club eintreten, in dem sich Personen aus allen Geschäftsbereichen befinden und nicht in einen Club der Steuerstrafrechtler. Denken Sie weiter, suchen Sie die potenziellen Mandanten in ihren Gruppen auf und warten Sie nicht, dass man im Ernstfall XING nach Infos über Steuerstrafrecht durchsucht. Das mag so sein, aber der aktive Weg ist der erfolgversprechendere Weg.

Gehen Sie auch andere Wege, bei denen Ihr Fachgebiet nicht im Vordergrund steht. Wenn Sie politisch interessiert sind, tauschen Sie sich auf Seiten aus, die Ihnen nahestehen. Sind Sie Sportler, dann finden Sie den Weg in Communities, die Ihr Interesse treffen. Social Media ist dabei mal wieder nichts anderes als das normale Leben: Sie kommen über ein gemeinsames Interesse in Kontakt, finden sich sympathisch und ganz nebenbei stellt sich heraus, das auch der berufliche Kontakt eine Bedeutung erlangt. Dieses Vorgehen mag weniger zielgerichtet erscheinen, ist aber ebenfalls ein Weg, Mandate zu erzielen.

Kapitel 13   Special: Viral Marketing

I.   Schnelle millionenfache Verbreitung von Werbebotschaften

Mit Social Media ändern sich auch die Präsentationsformen von Werbung. Sie kennen die landläufige Werbung im Internet: Morgens möchten Sie die News lesen und gehen ins Netz. Statt den Ergebnissen des Gipfels zur Euro-Rettung poppt aber erst einmal eine Werbung für einen Automobilhersteller auf. Sie suchen mühselig, wo sich das Fenster schließen lässt und kommen nun endlich an ihrer Information. Ein anders Beispiel: Sie möchten sich einen Video-Podcast über die Unruhen in Griechenland anschauen. Nach dem Klick auf Start müssen Sie jedoch erst einmal mit der Werbung für ein neues Hollywood-Untergangsepos vorlieb nehmen. Es mag in beiden Fällen sein, dass die Werbung Erfolge zeitigt; für viele stellt sie sich jedoch als Belästigung dar, sie wird einem aufgezwungen. Dabei ist es durchaus nicht so, dass die potenziellen Kunden an den Produkten, die beworben werden, nicht interessiert sind. Sie stört nur die Art, wie sie mit dieser Werbung konfrontiert werden. Kunden informieren sich mittlerweile auf andere Weise über interessante Produkte, und zwar wann und wo sie wollen. Auf diesen Zug springt virales Marketing auf. Viral bedeutet, dass die Botschaft innerhalb kürzester Zeit von Mensch zu Mensch übertragen wird. Man könnte geneigt sein, diese Form der Werbung mit Mundpropaganda gleichsetzen, dem entspricht sie jedoch nicht.

Mit Mundpropaganda kennt sich jeder Anwalt aus, besser bekannt ist sie in unserer Branche unter dem Begriff Empfehlung. Die Empfehlung basiert jedoch auf einer relativ intensiven, teilweise jahrelangen Beziehung zwischen dem Anwalt und seinem Mandanten. Deshalb hat die klassische Empfehlung mit dem Viral Marketing nicht viel zu tun – nur so viel, dass sie sich durch Interaktion weiterbreitet. Beim Viral Marketing ist es so, dass jemand ein Produkt, eine Dienstleistung oder eine Information interessant findet und dass den Menschen über die Social Media-Kanäle mitteilt.

Ein aktuelles Beispiel für ein möglicherweise sehr hintergründiges virales Marketing: Mittlerweile millionenfach wurde ein Amateurvideo auf YouTube angesehen, das den VW-Chef Winterkorn im September 2011 auf der Internationalen Automobilausstellung zeigt, wie er lobend ein Modell des Konkurrenten Hyundai anschaut, die Lenkradverstellung betätigt und erklärt: »Da scheppert nichts. BMW kann es nicht, wir können es auch nicht«. Es sieht also so aus, als würde Herr Winterkorn ungewollt für Hyundai Werbung machen. Nicht wenige Stimmen behaupten jedoch, dass das Video von der Marketingabteilung von VW initiiert worden wäre. Warum? Die Marketingabteilung wusste, dass das Video aufgrund des Inhalts eine große Verbreitung erfahren würde. Und man kann die Auffassung vertreten, dass die Aufnahme für VW überhaupt nicht schädlich ist.

Ein selbstbewusster technikaffiner Vorstand von VW prüft in dem Video den Wagen eines Konkurrenten auf Herz und Nieren und demonstriert damit, dass er sein eigenes Produkt perfekter machen will.

II. Bewertungsportale

1. Entwicklung

Als vor einigen Jahren der Begriff des Web 2.0 aufkam, diskutierte ich mit einem Internet-Unternehmer über die Zukunft des interaktiven Netzes. Obgleich er aus der Branche kam, war er der Auffassung, dass sich Bewertungen in Communities und in Bewertungsportalen nicht durchsetzen würde, da kein Unternehmen Interesse daran habe, öffentlich schlechte Bewertungen zu bekommen. Nur wenige Jahre später hat sich das Web 2.0. mit seinem Empfehlungsmarketing durchgesetzt. Warum? An den Unternehmen hat es nicht gelegen, aber das Internet wurde und wird nicht von Unternehmen beherrscht, sondern von den Nutzern. Die Durchsetzung des Web 2.0 ist den Nutzern zu verdanken, denn unter ihnen bestand das Bedürfnis, auf andere Art und Weise etwas über Produkte zu erfahren als über die Unternehmens-Websites.

2. Auswahlkriterien

Eine gemäßigtere Form des viralen Marketings sind Empfehlungen in Communities, auf Foren und Portalen. Als prominentes Beispiel gilt die Verkaufsplattform Ebay, wo die Möglichkeit besteht, den Verkäufer einer Ware zu bewerten, wovon auch reger Gebrauch gemacht wird. Viele positive Bewertungen stellen in dem »unsicheren« Online-Geschäft Vertrauen her. Ein Verkäufer mit wenigen guten Bewertungen wird weniger frequentiert werden als der Verkäufer mit einer hohen Anzahl von positiven Bewertungen.

Auf die Anwaltssuche bezogen: Nehmen wir an, ein Mediziner sieht sich einem Haftungsanspruch eines Patienten ausgesetzt. Er sucht nun in einem Portal nach Medizinrechtlern. Drei Kanzleien, die das gleiche Angebot (Spezialisten im Arzthaftungsrecht) offerieren, stehen zur Auswahl. Die eine Kanzlei hat sehr viele gute Bewertungen, die zweite Kanzlei hat einige gute, aber auch einige schlechte Bewertungen und die dritte Kanzlei hat überhaupt keine Bewertungen. Es ist sehr naheliegend, dass sich der Arzt für die erste Kanzlei entscheidet.

Ich hatte oben bereits angeführt, dass bereits eine Anzahl von Anwaltbewertungsportalen existiert, auf denen unsere Leistungen von Mandanten benotet werden können. Das bietet Chancen und Risiken zugleich. Sind wir den Portalen damit hilflos ausgeliefert? Nein, denn Sie können diesen Kanal beeinflussen. Damit meine ich keine unlauteren Mittel. Ich habe E-Mails von Ärzten gesehen, die in ihrer Signatur Links zu Ärztebewertungsportalen setzen, mit der Bitte an den

Patienten, ihre Leistung dort zu bewerten. Einige Ärzte haben mir erzählt, dass die Zahl der Patienten, die über das Internet zu ihnen kommen, seitdem merklich angestiegen ist. Ich sehe kein berufsrechtliches Problem darin, wenn wir unsere Mandanten bitten, eine Bewertung abzugeben. Problematisch wird es aber dann, wenn Personen Bewertungen abgeben, die niemals Mandant waren.

Übrigens: Anwälte werden nicht lediglich in speziellen Rechtsanwaltsportalen bewertet. Es gibt auch allgemeine Plattformen, von denen die bekannteste Qype sein dürfte. Zumindest für den B2C-Bereich ist Qype wichtig, denn der Dienst ersetzt das papierne Branchenbuch und hat den feinen Unterschied, dass die eingetragenen Unternehmen von den Nutzern bewertet werden können.

3. Umgang mit negativen Bewertungen

Was tun, wenn Sie eine negative Bewertung erhalten? Sie können den Portalinhaber auffordern, die Bewertung zu löschen. Das wird aber nicht ohne weiteres von Erfolg gekrönt sein, es sei denn, die Bewertung enthält offensichtlich eher verletzende Äußerungen. Ein Bewertungsportal lebt davon, dass es einen Querschnitt von Benotungen gibt. Reine Hofberichterstattung ist nicht im Sinne eines solchen Dienstes. Sie werden in solchen Fällen also mit juristischen Mitteln gegen den Betreiber vorgehen müssen – je nach Sachlage mit unsicherem Erfolgsausgang. Im Kapitel 30 werde ich noch näher auf die Problematik von kritischen Beiträgen eingehen.

Ziehen Sie nicht gleich alle rechtlichen Raster. Niemand hört gerne Kritik, aber setzen Sie sich mit den Bewertungen auseinander. Versuchen sie objektiv zu sein und zu bewerten, ob die gerügten Mängel tatsächlich vorliegen, wenn vielleicht auch in abgeschwächter Form. Sollten Sie zu der Auffassung gelangen, dass die Kritik berechtigt ist, so nehmen Sie das als Anlass, das bemängelte Verhalten in Zukunft abzulegen.

Nutzen Sie die Möglichkeit, Ihre Sicht der Dinge darzustellen. Einige Portale bieten diese Möglichkeit und sind juristisch auch dazu verpflichtet. Wie Sie wissen, kann die Bewertung eines Anwalts sehr subjektiv sein: Sie können einen engagierten und beanstandungsfreien Rechtsstreit geführt haben und dennoch können Sie das Verfahren verloren haben. Der Mandant ist unzufrieden und erteilt Ihnen auf einem Bewertungsportal eine miserable Wertung. Dann können Sie die Angelegenheit geraderücken. Vergessen Sie aber nicht: Sie mögen engagiert gewesen sein und alle juristische Register gezogen haben – möglicherweise haben Sie Ihrem Mandanten das nicht richtig kommuniziert.

Sorgen Sie dafür, dass schlechte Bewertungen erst gar nicht entstehen. Lassen Sie sich nach verlorenen Verfahren nicht verleugnen. Sprechen Sie mit Ihrem Mandanten und setzen Sie sich mit seiner Kritik bereits an dieser Stelle auseinander. Das ist ein besserer Weg, als sich bei Bewertungsportalen Wortschlachten zu liefern.

Nutzer geben in vielen Fällen ihre Bewertung nicht mit ihrem tatsächlichen Namen, sondern unter einem Pseudonym ab. Es wird also nicht immer leicht sein, auf die Bewertung zu erwidern (weiteres siehe Kapitel 20 zum Gegendarstellungsrecht). Wenn Sie aber erwidern, so vermeiden Sie es, Ihrerseits einen Gegenangriff zu starten und die Person, die Sie bewertet hat, zu diskreditieren.

Im Netz gibt es aber auch sogenannte Trolle. Das sind solche Personen, die nur Kritik äußern und provozieren wollen. Lenkt der Provozierte ein, so macht das den Trollen nur noch viel mehr Spaß und sie machen weiter mit den Provokationen. Das kann sogar größere Ausmaße annehmen, wenn sich noch andere daran beteiligen – dann sieht man sich einem sogenannten Shitstorm gegenüber. Es obliegt ihrem Fingerspitzengefühl, in solchen Fällen angemessen zu reagieren.

Kapitel 14 Kontaktaufnahme

Nun wird es ernst. Aus Ihrem Netzwerk möchte ein potenzieller Mandant Sie um Rat fragen. Sie wissen selbst am besten, wie Sie einen Mandanten beraten. Aber so weit sind wir noch nicht: Noch ist der Kontakt zu dem Mandanten rein virtuell und Sie sollten darauf achten, dass Ihr Mandant sich ohne Probleme an Sie wenden kann. Eine Selbstverständlichkeit? Nicht ganz. Im Rahmen der juristischen Prüfung von Onlineshops habe ich mir im Laufe meiner Anwaltszeit viele Seiten angeschaut. Ob Sie es glauben oder nicht: Viele Seiten, die gut und informativ gestaltet waren, hatten einen Makel: Ich musste erst einmal herausfinden, wie ich denn nun etwas bestellen konnte. Allein eine solche unnötig lange Suche kann dazu führen, dass man als potenzieller Kunde die Lust am Kauf verliert. Das Gleiche gilt für die Gestaltung Ihres Blogs, die Erreichbarkeit Ihrer Kanzlei über die sozialen Medien: Verstecken Sie die Angaben der Kontaktaufnahme nicht irgendwo auf der Seite, wo sie nur unter Mühen gefunden werden können. Geben Sie auf einer deutlich sichtbaren Kontaktseite an, wie Sie erreichbar sind. Sie sollten eine E-Mail-Adresse nennen, unter der Sie selbst oder ihr Büro stets erreichbar sind. Bei der Angabe der Telefonnummer bietet es sich an, dass das Telefon auch tatsächlich ständig besetzt ist. Vergessen Sie vor der ganzen Onlinetätigkeit nicht, dass durch ein Telefonat eine persönliche Atmosphäre geschaffen werden kann. Selbst in internetaffinen Branchen wird ein Austausch über ein Gespräch per Telefon noch geschätzt. Die Meldung eines Mandanten per E-Mail muss nicht als Aufforderung verstanden werden, mit dem gleichen Kommunikationsmittel zu antworten, es sei denn, der Mandant teilt Ihnen das so mit. Vergessen Sie auch nicht: Die Anfrage eines potenziellen Mandanten kann auch an andere Kollegen gegangen sein, die auf Ihren Gebieten tätig sind. Eine sparsame Standard-E-Mail mit der Bitte nach weiteren Informationen kann Sie da schnell aus dem Rennen werfen. Zögern Sie also nicht, bei konkreten Mandatsanfragen anzurufen. Zudem stellt ein Telefonat in vielen Fällen eine Arbeitserleichterung dar: Wechselnde E-Mails können anstrengend werden, manche Fragen lassen sich telefonisch einfach besser lösen.

Kapitel 15 Social Media-Monitoring

Social Media-Monitoring bedeutet, dass Sie überwachen, wie Ihre Kanzlei im Internet wahrgenommen wird. Es wird ein Monitoring-Tool etabliert, der den Erfolg der Social Media-Aktivitäten bemisst. Das Monitoring kann zudem beinhalten, was auf unterschiedlichen Netzwerken über ein Unternehmen gesagt wird.

Es gibt eine Unzahl von Tools dafür. Als effektives und als eines der bekanntesten bietet sich Google Alerts an. Bei Google Alerts können Sie einen Suchbegriff eingeben. Sie können dann bestimmen, was durchsucht werden soll, wie häufig diese Suche durchgeführt werden soll und auch den Umfang, wenn Sie dann Ihre E-Mail-Adresse eingeben, können Sie denn Alert bestellen. Fortan werden Sie immer dann informiert, wenn der Suchbegriff bei Google neu auftaucht. Wenn Sie also den Namen Ihrer Kanzlei eingeben oder Ihren Namen, können Sie schnell sehen, wie häufig die Verbreitung im Netz ist.

Überprüfen Sie Ihre Präsenz im Netz.

► **Andere Beispiele:**

Addictomatic:
Die Suchmaschine Addictomatic durchsucht Social Media-Seiten nach beliebigen Suchworten und listet die Ergebnisse in einer Übersicht.

Boardtracker:
Man erhält hierüber Nachricht, wenn in Diskussionsforen etwas über einen geschrieben wird.

Facebook Insights:
Hiermit lassen sich die wichtigsten Zahlen (Fans, Seitenabrufe) von Fanseiten überwachen.

MicroPlaza:
Der Dienst analysiert, welche Links von den Followern eines bestimmten Accounts auf Twitter am meisten verbreitet wurden.

Social Mention:
Durch dieses Tool lassen sich Weblogs, Blogkommentare, Tweets und Nachrichten überwachen.

Ein einfacher Weg ist es, die beiden Personensuchmaschinen Yasni und 123People aufzusuchen. Auf diesen Seiten werden allgemein zugängliche Daten von Personen im Netz gesammelt. Hier können Sie sehen, wie häufig Ihre Kanzlei und Ihr Name auftauchen. Sie können sich diese Infos auch per E-Mail zukommen lassen (bei Yasni unter »E-Mail-Monitoring«)

Kapitel 16   Onlinereputation

Ihr Ruf ist Ihr Kapital. Ein guter Ruf öffnet Türen, ein schlechter Ruf behindert oder zerstört Ihren Social Media-Auftritt. »Das Internet vergisst nichts« ist eine oft zitierte Floskel von Datenschützern.

Vergegenwärtigen Sie sich jedes mal vor Veröffentlichung eines Beitrags, vor einer Verlinkung und vor dem Hochladen von Bildern oder Videos, ob Sie als Person mit diesen Inhalten in Verbindung gebracht werden möchten – und zwar nicht nur im Augenblick, sondern auch noch Jahre später. Bedenken Sie: Das gesprochene Wort ist flüchtig, das geschriebene Wort nicht. Wenn Sie Beiträge verfassen, sind es in der Regel bleibende Beiträge, die sie nach zehn Jahren noch in Verbindung mit Ihrem Namen finden können – etwas anders, als ein unbedachtes Wort in der Stammkneipe unter Freunden. Sorgen Sie dafür, dass Irritationen erst gar nicht entstehen können.

Auf der anderen Seite sollten Sie darauf achten, dass die übertriebene Besorgnis um Ihre Onlinereputation nicht zu einer Profillosigkeit führt. Bezogen auf Anwälte folge ich nicht den Empfehlungen so mancher Berater, immer genau abzuwägen, was man ins Netz stelle und was nicht. Was erwarten (potenzielle) Mandanten von einem Anwalt? Selbstverständlich, dass er sein Handwerk beherrscht, aber darüber hinaus noch mehr. Er soll engagierter Interessenvertreter seines Mandanten sein. Er soll Position beziehen und durchaus parteiisch sein. Wenn Sie auf Sozialen Netzwerken veröffentlichen, sollte von diesem Geist etwas zu sehen sein. Versuchen Sie nicht, bei der Stellungnahme zu einem Sachverhalt, einem Gesetz oder einem Urteil möglichst alle zufrieden zu stellen. Ein Anwalt kann nicht »everbodys darling« sein. Er gewinnt erst an Profil, wenn er sich positioniert. Diese Erwartung des Publikums sollten Sie bei Ihren Veröffentlichungen berücksichtigen. Sie können über Twitter einen Link zu einer Pressemitteilung des BGH setzen, aber eine rein sachliche Darstellung einer solchen Entscheidung auf Ihrem Blog wirkt fade. Schließlich existiert die Pressemitteilung schon von offizieller Stelle, die reine Wiederholung bringt keinen Mehrwert.

Es spricht nichts dagegen, auch in Sozialen Netzwerken oder in Ihrem Blog eindeutig Stellung zu beziehen.

Mit einer Sache werden Sie leben müssen: Das, was Sie heute veröffentlichen, erscheint in fünf Jahren möglicherweise als grenzwertige Meinung. Lassen Sie sich trotzdem nicht den Mut nehmen. Zwar ist es im Gegensatz zu früheren Zeiten möglich, Äußerungen auf früheren Zeiten aus dem Netz wieder ans Licht zu zerren; glücklicherweise gilt das jedoch nicht ausschließlich für Ihre Veröffentlichungen. Es ist gut möglich, dass sich durch das Web 2.0. auch unser Verhältnis zu früheren Äußerungen ändert. Der Bundesdatenschutzbeauftragte Herr Schaar hat ein digitales Radiergummi gefordert, das Beiträge, die älter als fünf Jahre sind, aus dem Netz nimmt. Ob das technisch realisierbar ist, wird sich zeigen. Es

Kapitel 16 — Onlinereputation

ist auf jeden Fall nicht wünschenswert. Das Internet ist ein Forum des »Wissens der Welt« und es wäre schade, wenn wir dieses Wissen beschränken würden. Ändern wir unser Verhältnis zur Vergangenheit: Meinungen von Menschen ändern sich. Das sah schon Adenauer so, mit seinem Spruch: »Was stört mich mein Geschwätz von gestern?«.

Sie können negative Beiträge in den Suchmaschineergebnissen nach hinten stellen. Sorgen Sie einfach dafür, dass andere Inhalte im Suchergebnis besser und höher gelistet werden und damit der negative Beitrag nach hinten wandert.

► **Ein Beispiel**

> Ein Kollege erzählte mir neulich, dass ihm Folgendes widerfahren wäre: Er hatte ein Unternehmen vertreten und einige Urteile und Verfügungen gegen eine Person erwirkt. Der Gegner musste die Urteile akzeptieren, konnte sich jedoch nicht damit abfinden. Er diffamierte zunächst das Unternehmen und dann meinen Kollegen. Augenscheinlich verstand der Gegner etwas von Suchmaschinenmarketing, denn es gelang ihm, dass bei Eingabe des Namens meines Kollegen und auch bei Nennung seines Spezialgebiets eine von ihm mit Falschinformationen gespickte Website in die Top Ten von Google zu bringen. Dort fand sich dann ein Bild des Anwalts mit einem Taliban-Bart und dem Intro »Rechtsverdreher Anwalt .... «. Zudem wurden einige Unwahrheiten bezüglich der persönlichen Situation des Kollegen verbreitet. Alles in allem sehr unangenehm. Selbstverständlich ging der Kollege gerichtlich dagegen vor, dem Gegner gelang es jedoch immer wieder eine neue Seite in den ersten hits des Google-Rankings zu platzieren, dann mit neuen Vorwürfen und Unwahrheiten gespickt. Dem Anwalt wurde es schließlich zu bunt. Er verwandte nicht weiter Zeit darauf, gerichtliche Verfügungen zu erwirken, sondern beschäftigte sich selbst mit Suchmaschinenmarketing und schaltete Experten ein. Jetzt stehen seine Seiten bei der Eingabe seines Namens und anderer keywords, die mit seiner Spezialisierung zusammen hängen, ganz oben bei Google. Die Seite mit dem Taliban-Bart findet sich nunmehr ungefähr auf Platz 62. Wie Sie wissen, schaut sich kaum jemand mehr die dritte, vierte, fünfte oder gar sechste Seite auf Google an, wenn er etwas sucht.

Teil 5　Information durch Soziale Medien

Viele Nachrichtenseiten und Blogs bieten einen RSS-Dienst an. Ich hatte in Kapitel 9 bei den Blogs bereits darüber berichtet. RSS ist eine gute Möglichkeit, der Informationsflut Herr zu werden. In den meisten Fällen ist es so: Eine Webseite berichtet über viele verschiedene Themen. Der Betreiber der Webseite möchte es seinen Nutzern erleichtern und die aufwendige Suche nach bestimmten Themen ersparen. Er richtet einen RSS-Dienst ein, der dann die Grundlage für mehrere RSS-Channel bildet. So können die Channel nach Rechtsgebieten geordnet sein (Arbeitsrecht, Kapitalanlagerecht, Gesellschaftsrecht). Kommt nun ein neuer Beitrag auf die Webseite, wird gemeinsam mit der Veröffentlichung auf der Seite ein neuer RSS-Beitrag im jeweiligen konkreten Channel erstellt. Abonniert der Leser den RSS-Channel, so wird er regelmäßig über Neuigkeiten informiert.

Das Abonnement erfolgt über den Webbrowser. Viele Browser bieten eine spezielle RSS-Schaltfläche, über die der Channel abonniert werden kann. Sie können sich auch beim Anbieter direkt registrieren. Ebenso unterstützen die E-Mail-Programme das Lesen der RSS-Channels. Die Informationen bekommen Sie dann als Kurzinfos, verbunden mit einem weiterführenden Link. Sie müssen die Seite, die Sie interessiert, also nicht mehr ständig besuchen, sondern werden über

Teil 6 Als Anwalt rechtssicher in die Sozialen Medien

Teil 6 Als Anwalt rechtssicher in die Sozialen Medien

Als Anwalt ist Ihnen selbstverständlich bekannt, dass mit der Präsenz Ihrer Kanzlei in den Sozialen Medien auch diverse rechtliche Fragen zusammenhängen. Nichts ist deprimierender, als mit einem Marketinginstrument erst einmal Verluste und Aufregung einzufangen. Wer sich im Internet präsentiert, macht sich angreifbar. Das haben viele Unternehmen erfahren müssen, die Abmahnungen kassiert haben. Mit einigen Standards lässt sich jedoch Problemen aus dem Weg gehen.

Kapitel 17 Nutzungsbedingungen/AGB

Bei der Beschreibung der einzelnen Sozialen Netzwerke wurden in Kapitel 6 einige Klauseln aus den Nutzungsbedingungen dieser Dienste problematisiert, so dass hier nur kurz darauf eingegangen werden soll.

Wenn Sie sich in sozialen Medien präsentieren und einen Anbieter auswählen, so schließen Sie einen Vertrag und haben die Nutzungsbedingungen des Anbieters zu beachten. Da es sich um Dienste mit Millionen von Mitgliedern handelt, sind die Nutzungsbedingungen des betreffenden Anbieters nicht verhandelbar. Rechtlich dürften diverse Bestimmungen der US-amerikanischen Netzwerke dem deutschen AGB-Recht nicht entsprechen. Aufgrund des Sitzes des Netzwerkbetreibers in den USA wird es allerdings schwierig, etwaige Ansprüche durchzusetzen.

Welche Vertragsart liegt aber eigentlich vor? In Betracht kommt bei unentgeltlichen Leistungen ein Dienstvertrag: Der Betreiber des Netzwerks ist verpflichtet, die von ihm versprochenen Dienste zu betreiben. Bei den kostenpflichtigen Diensten, die es bei XING und LinkedIn gibt, handelt es sich um einen Werkvertrag, hier wird ein Erfolg geschuldet.[1]

---

[1] Vgl. *Hoeren/Sieber*, Multimediarecht, Teil 12 Internetverträge, Rz. 420 ff.

Kapitel 18 Datenschutz

I. Abgleich über das elektronische Adressbuch

Eine angenehme Art und Weise, potenzielle Kontakte auf den Netzwerken zu finden, ist das vielfach unterbreitete Angebot der Betreiber, das elektronische Adressbuch (z.B. Outlook) hochzuladen und mit dem Mitgliederbestand abzugleichen. Hier ist Vorsicht geboten, denn dem stehen Vorschriften der Bundesrechtsanwaltsordnung (BRAO), der Berufsordnung für Rechtsanwälte (BORA) und schließlich des Strafgesetzbuches (StGB) entgegen.

> § 43a BRAO Grundpflichten des Rechtsanwalts
>
> (2) Der Rechtsanwalt ist zur Verschwiegenheit verpflichtet. Diese Pflicht bezieht sich auf alles, was ihm in Ausübung seines Berufes bekanntgeworden ist. Dies gilt nicht für Tatsachen, die offenkundig sind oder ihrer Bedeutung nach keiner Geheimhaltung bedürfen.
>
> § 2 BORA Verschwiegenheit
>
> (1) Der Rechtsanwalt ist zur Verschwiegenheit berechtigt und verpflichtet.
>
> (2) Das Recht und die Pflicht zur Verschwiegenheit beziehen sich auf alles, was ihm in Ausübung seines Berufes bekannt geworden ist, und bestehen nach Beendigung des Mandats fort.
>
> § 203 StGB Verletzung von Privatgeheimnissen
>
> (1) Wer unbefugt ein fremdes Geheimnis, namentlich ein zum persönlichen Lebensbereich gehörendes Geheimnis oder ein Betriebs- oder Geschäftsgeheimnis, offenbart, das ihm
>
> 3. als Rechtsanwalt, Patentanwalt, Notar, Verteidiger in einem gesetzlich geordneten Verfahren, ...
>
> anvertraut worden oder sonst bekanntgeworden ist, wird mit Freiheitsstrafe bis zu einem Jahr oder mit Geldstrafe bestraft.

Soweit Sie Ihr Adressbuch mit den Mitgliedern eines sozialen Netzwerkes abgleichen, übermitteln Sie personenbezogene Daten Ihrer Kontakte, nämlich in der Regel einen Namen und weitere Daten, vor allem E-Mail-Adressen an einen Dritten, den Netzwerkbetreiber. Soweit es sich um Freunde und Bekannte handelt, wollen wir das hier nicht juristisch beurteilen, in Bezug auf die Daten von Mandanten allerdings schon. Die Verletzung der Verschwiegenheitspflichten ist bereits dann erfüllt, wenn verraten wird, dass überhaupt ein Mandatsverhältnis besteht.

Die Empfehlung geht daher ganz ausdrücklich dahin, einen Abgleich mit dem elektronischen Adressbuch nur dann durchzuführen, soweit darunter keine Mandantendaten sind.

II. Information zur Datennutzung

Rechtsanwälte, die einen eigenen Blog betreiben, sind Diensteanbieter im Sinne des Telemediengesetzes (TMG). Damit besteht eine Verpflichtung, die Besucher des Blogs über die Nutzung ihrer Daten zu informieren.

§ 13 TMG Pflichten des Diensteanbieters

(1) Der Diensteanbieter hat den Nutzer zu Beginn des Nutzungsvorgangs über Art, Umfang und Zwecke der Erhebung und Verwendung personenbezogener Daten [...] in allgemein verständlicher Form zu unterrichten, sofern eine solche Unterrichtung nicht bereits erfolgt ist. Bei einem automatisierten Verfahren, das eine spätere Identifizierung des Nutzers ermöglicht und eine Erhebung oder Verwendung personenbezogener Daten vorbereitet, ist der Nutzer zu Beginn dieses Verfahrens zu unterrichten. Der Inhalt der Unterrichtung muss für den Nutzer jederzeit abrufbar sein.

Die konkrete Form und Gestaltung der Unterrichtung liegt grundsätzlich bei dem Diensteanbieter sie muss aber nach Satz 1 in allgemein verständlicher Form, klar und zuverlässig wahrnehmbar erfolgen und nach Satz 3 für den Nutzer *jederzeit abrufbar* sein. Diesen Anforderungen entspricht z. B. eine Einbindung in den Nutzungsvorgang, in dem der Nutzer über eine *Website* zwangsläufig mit den Informationen in Berührung kommt. Ebenfalls ausreichend ist ein entsprechender, deutlich hervorgehobener Hinweis mit einem *Hyperlink* auf der Startseite, der auf eine HTML-Seite verweist.[2]

Sie sollten also auf Ihrem Blog an deutlich wahrnehmbarer Stelle auf der Startseite einen Link mit dem Namen *Datenschutz* verwenden.

1. Notwendige Aufklärung über Datenverwendung

Welche Infos müssen Sie geben? Zunächst einmal werden automatisch Daten bei jedem Besuch ihrer Seite erhoben. So wird die IP-Adresse des anfragenden Rechners gespeichert, die von Teilen in Rechtsprechung und Lehre als personenbezogen betrachtet wird. Wenn der Besucher die Kommentarfunktion des Blog nutzt, werden in jedem Fall personenbezogene Daten gespeichert, auch wenn derjenige, der kommentiert, unter einem Pseudonym auftritt. Dort müs-

---

2 *Spindler/Schuster*, a.a.O., § 13 TMG, Rz. 5.

sen Sie allerdings aufpassen, welche Daten Sie speichern: Die Speicherung von E-Mail-Adressen und der IP-Adresse der Kommentatoren wird von einigen Datenschutzbehörden als problematisch angesehen. Die Blog-Software ermöglicht in der Regel einen Ausschluss der Speicherung solcher Daten. Ferner werden auf der Blog-Seite in der Regel sogenannte Cookies eingesetzt. Die unten stehende Formulierung zu den Cookies ist mit Vorsicht zu genießen, da in Kürze eine neue EU-Richtlinie in der Bundesrepublik umgesetzt werden muss, die eine abgeänderte Information notwendig machen kann. Zudem müssen Sie beachten, dass je nach Blog-Anbieter Daten eventuell auch in die USA oder andere Staaten außerhalb der Europäischen Union weiter gegeben werden können (zum Beispiel bei der bekanntesten Blog-Plattform wordpress). Hierauf müssen Sie in Ihren Datenschutzbestimmungen hinweisen.

2. Datenschutz-Grund-Information

Die nachfolgende Datenschutzinfo stellt nur eine Rumpf-Formulierung dar und ist nicht vollständig. Sie fasst nur einige wesentliche Punkte zusammen:

▶ **Datenschutz**

Datenspeicherung bei Besuch des Blogs
Bei Besuch (Lesen) dieses Blogs werden Daten protokolliert. Die Speicherung dient internen systembezogenen und statistischen Zwecken. Protokolliert werden
 – Browsertyp/-version
 – das verwendete Betriebssystem
 – die Referrer URL (also die zuvor besuchte Seite)
 – die IP-Adresse
 – die Uhrzeit der Serveranfrage
Diese Daten lassen sich in der Regel nicht bestimmten Personen zuordnen. Eine Zusammenführung dieser Daten mit anderen Datenquellen wird nicht vorgenommen, die Daten werden nach einer statistischen Auswertung gelöscht.

Datenspeicherung bei Abgabe von Kommentaren
Wenn Sie Beiträge auf diesem Blog kommentieren, werden folgende Daten gespeichert: Ihr Kommentar, Ihr angegebener Name, der Zeitpunkt der Kommentierung, und soweit von Ihnen angegeben, die Adresse Ihrer Website.

Cookies
Einige Seiten verwenden an mehreren Stellen so genannte Cookies. Sie dienen dazu, das Angebot nutzerfreundlicher, effektiver und sicherer zu machen. Cookies sind kleine Textdateien, die auf Ihrem Rechner abgelegt werden und die Ihr Browser speichert. Cookies richten auf Ihrem Rechner keinen Schaden an und enthalten keine Viren.

3. Social Plugins

Social Plugins sind vorprogrammierte Lösungen für externe Webseiten, welche mit wenig Programmieraufwand in den eigenen Internetauftritt integriert werden können. Es handelt sich um eine Art Empfehlungsmarketing der Sozialen Netzwerke. Hier soll nur auf die drei bekanntesten Plugins eingegangen werden. Beachten Sie, dass bei Einsatz anderer Social Plugins ebenso eine Datenschutzinformation gegeben werden muss.

a) Facebook – Social Plugin

Auf vielen Seiten wird der sogenannte »Gefällt mir«-Button von Facebook verwandt. Auch Sie können diesen Plugin integrieren, sollten jedoch in den Datenschutzhinweisen auf die Form der Verarbeitung hinweisen.

Vorab jedoch die Info zu einem derzeit virulentem Thema:

Ihnen ist sicher bekannt, dass die Mitglieder von Facebook bestimmte Inhalte mit dem »Gefällt mir«-Button bewerten können. Website-Betreiber und auch Sie auf Ihrem Blog oder Ihrer Seite können den »Gefällt mir«-Button einbauen.

Mit dem Button sammelt Facebook Daten über die Vorlieben der Nutzer des Dienstes, und zwar nicht nur auf der eigenen Website, sondern im ganzen Netz. Im Augenblick ist der Einsatz des »Gefällt mir«-Buttons sehr umstritten. Der Datenschutzbeauftragte Schleswig-Holsteins, Thilo Weichert, kündigt derzeit sogar an, notfalls mit Verfügungen gegen Fan-Gruppen und das Einbinden von »Gefällt mir«-Buttons, mit dem die Nutzer ihre Vorliebe für bestimmte Inhalte signalisieren, auf den Seiten Dritter vorzugehen. Es ist also gut möglich, dass sich in der nächsten Zeit der Umgang mit dem »Gefällt mir«-Button ändern wird.

Ein Gutachten des Bundestages zu Facebook-Fanseiten und dem »Gefällt mir«-Button hat ergeben, dass erhebliche rechtliche Zweifel an diesen Diensten bestehen. Beim Anklicken eines »Gefällt mir«-Buttons durch einen in diesem Moment angemeldeten Facebook-Nutzer komme es einer Verknüpfung mit dessen Facebook-Account, womit eine eindeutige Identifizierung möglich sei. Auf der anderen Seite hält das Gutachten fest, dass die Frage möglicher Konsequenzen für Website-Betreiber sich im Ergebnis nicht eindeutig beantworten lasse. Nach dem Gutachten sind die Länder für die Verhängung von Bußgeldern nach § 16 TMG zuständig.[3] Die Rechtslage bleibt somit weiterhin unklar.

Ungemach droht Ihnen bei Einsatz des »Gefällt mir«-Buttons von drei Seiten.

– *Bußgeld einer Datenschutzbehörde*
 Die Datenschutzbehörden in Schleswig-Holstein haben durch Thilo Weichert dieses Vorhaben angekündigt. Wenn Sie als Anwalt ihren Sitz in Schleswig-

---

[3] www.sebastian-blumenthal.de/files/35704/Gutachten_Facebook_FINAL.pdf, S. 19.

Holstein haben, sollten Sie darüber nachdenken, den Button zunächst nicht einzusetzen, da bereits Bußgelder angedroht wurden.

- *Abmahnung von Anwaltskollegen*
  Eine Abmahnung durch Kollegen als Wettbewerber ist theoretisch denkbar. Auf der anderen Seite ist die Gefahr eher als gering einzuschätzen, da die Rechtslage unklar ist.

- *Abmahnung von Seitenbesuchern*
  Ebenfalls eher unwahrscheinlich.

Wenn Sie sich entschließen, den »Gefällt mir«-Button einzusetzen, müssen Sie auf jeden Fall auf Ihrer Seite eine entsprechende Datenschutzinformation freischalten.

Eine gängige Empfehlung ist folgender Hinweis:

► **Hinweis – Social Plugin Facebook**

Dieser Blog verwendet Social Plugins (»Plugins«) des sozialen Netzwerkes Facebook.com, welches von der Facebook Inc., Irland bertieben wird (»Facebook«). Die Plugins sind an einem der Facebook-Logos erkennbar oder sie sind mit dem Zusatz Facebook Social Plugin gekennzeichnet.

Wenn Sie eine Seite meines Blogs aufrufen, die ein solches Plugin enthält, baut Ihr Browser eine direkte Verbindung mit den Servern von Facebook auf. Der Inhalt des Plugins wird von Facebook direkt an Ihren Browsern übermittelt und von diesem in die Website eingebunden.

Durch die Einbindung der Plugins erhält Facebook die Information, dass Sie die entsprechende Seite meines Blogs aufgerufen haben. Sind Sie bei Facebook eingeloggt, kann Facebook den Besuch Ihrem Facebook-Konto zuordnen. Wenn Sie mit den Plugins interagieren, z.B. den »Gefällt mir«-Button betätigen oder einen Kommentar abgeben, wird die entsprechende Information von Ihrem Browser direkt an Facebook übermittelt und dort gespeichert. Falls Sie kein Mitglied von Facebook sind, besteht trotzdem die Möglichkeit, das Facebook Ihre IP-Adresse in Erfahrung bringt und speichert.

Zweck und Umfang der Datenerhebung und die weitere Verarbeitung und Nutzung der Daten durch Facebook sowie Ihre diesbezüglichen Rechte und Einstellungsmöglichkeiten zum Schutz Ihrer Privatsphäre entnehmen Sie bitte den Datenschutzhinweisen von Facebook: http://www.facebook.com/policy.php

Wenn Sie Facebook-Mitglied sind und nicht möchten, dass Facebook über diesen Blog Daten über Sie sammelt und mit Ihren bei Facebook gespeicherten Mitgliedsdaten verknüpft, müssen Sie sich vor Besuch meines Blogs bei Facebook ausloggen.

Außerdem ist es möglich, Facebook Social Plugins mit add-ons für Ihren Browser zu blockieren, zum Beispiel mit dem Facebook-Blocker.

b) Twitter – Social Plugin

Für Twitter gilt nichts anderes als für Facebook: Sie müssen auf Ihrem Blog über die Datennutzung informieren, wenn Sie den Social Plugin von Twitter einbinden.

► **Hinweis – Social Plugin Twitter**

Dieser Blog verwendet mit Twitter und den Tweet-Funktionen Social Plugins von twitter.com, betrieben durch die Twitter Inc., 795 Folsom St., Suite 600, San Francisco, CA 94107, USA.

Wenn Sie die Tweet-Funktionen nutzen, werden die von Ihnen besuchten Webseiten Dritten bekanntgegeben und mit Ihrem Twitter-Account verbunden. Details zum Umgang mit Ihren Daten durch Twitter sowie zu Ihren Rechten und Einstellungsmöglichkeiten zum Schutz Ihrer persönlichen Daten können Sie den Datenschutzhinweisen von Twitter entnehmen. http://twitter.com/privacy

c) Google+ – Social Plugin

Auch für den Google+ Plugin ist ein Datenschutzhinweis erforderlich.

► **Hinweis – Social Plugin Google+**

Dieser Blog verwendet die »+1«-Schaltfläche des sozialen Netzwerkes Google Plus, welches von der Google Inc., 1600 Amphitheatre Parkway, Mountain View, CA 94043, United States betrieben wird (»Google«). Der Button ist an dem Zeichen »+1« auf weißem oder farbigen Hintergrund erkennbar.

Wenn Sie eine Webseite des Blogs aufrufen, die eine solche Schaltfläche enthält, baut Ihr Browser eine direkte Verbindung mit den Servern von Google auf. Der Inhalt der »+1«-Schaltfläche wird von Google direkt an Ihren Browser übermittelt und von diesem in die Webseite eingebunden. Wir haben daher keinen Einfluss auf den Umfang der Daten, die Google mit der Schaltfläche erhebt, gehen jedoch davon aus, dass Ihre IP-Adresse mit erfasst wird.

Zweck und Umfang der Datenerhebung und die weitere Verarbeitung und Nutzung der Daten durch Google sowie Ihre diesbezüglichen Rechte und Einstellungsmöglichkeiten zum Schutz Ihrer Privatsphäre entnehmen Sie bitte Googles Datenschutzhinweisen zu der »+1«-Schaltfläche: http://www.google.com/intl/de/+/policy/+1button.html

Wenn Sie Google Plus-Mitglied sind und nicht möchten, dass Google über diesen Blog Daten über Sie sammelt und mit Ihren bei Google gespeicherten

Mitgliedsdaten verknüpft, müssen Sie sich vor Ihrem Besuch dieses Blogs bei Google Plus ausloggen.

4. Versand von Newslettern

Wenn Sie Newsletter über Ihren Blog (oder über Ihre Kanzlei-Website) verbreiten möchten, ist es notwendig, dass eine wirksame Einwilligung Ihres Lesers vorliegt.

Die Voraussetzungen der Einwilligung finden sich in § 13 Abs. 2 TMG:

Die Einwilligung kann elektronisch erklärt werden, wenn der Diensteanbieter sicherstellt, dass
1. der Nutzer seine Einwilligung bewusst und eindeutig erteilt hat,
2. die Einwilligung protokolliert wird,
3. der Nutzer den Inhalt der Einwilligung jederzeit abrufen kann und
4. der Nutzer die Einwilligung jederzeit mit Wirkung für die Zukunft widerrufen kann.

Viele Unternehmen versenden Newsletter im Internet, ohne eine Einwilligung einzuholen, kaum, dass sich ein Nutzer bei ihnen registriert hat. Dagegen kann der Kunde sich wehren, indem er den Zusender zur Unterlassung auffordert. Hierfür werden nicht selten Anwälte beauftragt, so dass erhebliche Kosten entstehen können, die der Versender des Newsletters tragen muss. Aus diesem Grunde sollten Sie das sogenannte double opt-in-Verfahren durchführen. Das Verfahren beginnt mit der Anmeldung zum Newsletter. Dafür reicht es aus, eine E-Mail-Adresse in ein Eingabefeld einer Website einzugeben und mit Mausklick dann den Newsletter zu abonnieren. Es muss jedoch noch ein weiterer Schritt erfolgen. Bei der Bestellung des Newsletters müssen Sie darauf hinweisen, dass noch kein endgültiger Auftrag erfolgt, sondern an die im Eingabefeld genannte E-Mail-Adresse eine Bestätigungs-E-Mail gesendet wird. Erst bei Antwort auf diese E-Mail bzw. bei Klick auf einen Aktivierungslink wird der Bestellvorgang aktiv.

Warum ist das so? Der Anbieter stellt auf diese Weise sicher, dass tatsächlich der Inhaber der E-Mail-Adresse den Newsletter abonnieren wollte und nicht ein Fremder. Irgendeine E-Mail-Adresse kann schließlich jeder eingeben.

§ 13 Abs. 3 TMG sieht vor, dass der Diensteanbieter den Nutzer vor Erteilung seiner Einwilligung darüber informieren muss, dass er seine Einwilligung jederzeit mit Wirkung für die Zukunft widerrufen kann.

Fragen Sie bei der Anmeldung nur die wichtigsten Informationen ab. Ein Newsletter muss auch anonym bezogen werden können. Allein das Formalfeld für die E-Mail-Adresse darf ein Pflichtfeld sein.

Zudem besteht die Notwendigkeit, innerhalb des Newsletters ein Impressum vorzuhalten. Es reicht aus, wenn das Impressum über zwei Klicks erreicht werden kann, so dass ein Link im Newsletter zum Impressum auf Ihre Blogseite den Anforderungen genügen dürfte. Den notwendigen Inhalt des Impressums finden Sie in Kapitel 19.

Der Nutzer muss die Möglichkeit besitzen, sich ohne Probleme wieder von dem Empfang des Newsletters abzumelden. Sie sollten ihm die Möglichkeit geben, durch Klicken eines Links sich vom Newsletter-Empfang abzumelden. Erklären Sie den Abmeldevorgang in jeder Newsletter-Ausgabe. Löschen Sie Empfänger, die den Newsletter nicht erhalten wollen, unverzüglich aus der Verteilerliste.

Eine Formulierung zur Newsletter-Bestellung könnte folgendermaßen aussehen:

> ▶ **Formulierungsbeispiel Newsletter-Bestellung**
>
> Bei Bestellung des Newsletters erhalten Sie eine E-Mail, in der um Bestätigung gebeten wird, dass Sie Inhaber der angegebenen E-Mail-Adresse sind und mit dem Empfang des Newsletters einverstanden sind. Wird diese Bestätigung erteilt, erhalten Sie den Newsletter. Ihre angegebenen Daten werden nur zu dem Zweck gespeichert, Ihnen den Newsletter zuschicken zu können und die diesbezügliche Berechtigung zu dokumentieren. Eine Weitergabe der Daten an Dritte erfolgt nicht. Die Bestellung des Newsletters und Ihre Einwilligung zur Speicherung der E-Mail-Adresse können Sie jederzeit widerrufen.

5. Netzwerke und Datenschutz: Interview mit einer Datenschutzrechtlerin

Es ist unumgänglich: Wenn Sie Ihre Kanzlei auf den bekannten Netzwerken Facebook, Twitter und Google+ präsentieren, werden Daten in Bundesstaaten der USA transferiert. Wie denkt eine Spezialistin im Datenschutzrecht darüber? Dazu habe ich Frau *Rebecca Duchrow*, Rechtsanwältin und Consultant Datenschutz und IT-Compliance bei der Firma *intersoft consulting Services AG* befragt.

Oberwetter: Frau Duchrow, ich falle gleich mit der Tür ins Haus: Wie sicher sind Daten bei US-amerikanischen Unternehmen wie Facebook, Twitter und Google?

Duchrow: Die USA gelten aus europäischen Datenschutzgesichtspunkten grundsätzlich als unsicheres Drittland. Datenübermittlungen in die USA sind nur zulässig, wenn das amerikanische Datenschutzniveau auf den europäischen Standard angehoben werden kann. Hier gibt es aus rechtlicher Sicht verschiedene Möglichkeiten, wie z.B. den Abschluss von Standardverträgen der EU-Kommission, Genehmigung von Vertragskonstrukten durch die zuständige Aufsichtsbehörde oder Beitritt des US-amerikanischen Unternehmens zum sog. »Safe-Harbor«-Abkommen.

Oberwetter: »Safe Harbor« – das liest man in den Datenschutzbestimmungen der US-Netzwerke häufig. Sind die Daten des Nutzers damit genauso geschützt wie in Deutschland?

Duchrow: Auch im Falle eines Beitritts eines Unternehmens zum Safe-Harbor-Abkommen ist zu beachten, dass die Befugnisse US-amerikanischer Behörden im Zuge der Terrordiskussion (Patriot Act) massiv gestärkt wurden, was eine nahezu unlimitierte Zugriffsmöglichkeit von Behörden zur Folge hat, ohne dass eine richterliche Genehmigung erforderlich wäre. So gibt es bereits verschiedene Berichte über angebliche Schnittstellen zu US-Geheimdiensten. Bedenkt man dabei, dass die USA auch in Sachen Wirtschaftsspionage nicht ganz unbedarft sind, so sollte schon aus Eigeninteresse darauf verzichtet werden sensible Unternehmensdaten solchen Diensten preiszugeben.

Der Patriot Act zeigt, dass die USA eine andere Auffassung von Datenschutz haben. Letztendlich ist auch das Safe-Harbor-Abkommen, das zwischen der EU und den USA geschlossen wurde, bei weitem nicht so umfangreich wie die deutsche Datenschutzgesetzgebung und stellt einen Kompromiss dar, um das Datenschutzniveau anzuheben und personenbezogene Datenübermittlungen in die USA überhaupt zu ermöglichen. Es hat auch immer wieder Kritik gegeben, dass einzelne Unternehmen trotz Beitritts zum Abkommen die dort vereinbarten Maßnahmen nicht umgesetzt haben. Dabei ist zudem zu bedenken, dass die Unternehmen sich selbst zertifizieren und keiner staatlichen Kontrolle unterliegen. Auch die Federal Trade Commission wird nur auf Beschwerde hin tätig; dann wird es aber häufig schon zu spät sein. Alles in allem handelt es sich bei dem Abkommen daher eher um einen Papiertiger. In diesem Zusammenhang empfiehlt der Düsseldorfer Kreis, als informelle Vereinigung der obersten Aufsichtsbehörden, die in Deutschland die Einhaltung des Datenschutzes im nicht-öffentlichen Bereich überwachen, datenexportierenden Unternehmen, sich nicht lediglich auf die Behauptung einer Safe-Harbor-Zertifizierung von US-Unternehmen zu verlassen, sondern sich die Safe-Harbor-Zertifizierung, insbesondere im Hinblick auf die Aktualität und die Einhaltung der Grundsätze nachweisen zu lassen.

Oberwetter: Gibt es für Anwälte aus datenschutzrechtlicher Sicht Besonderheiten im Umgang mit sozialen Netzwerken?

Duchrow: Anwälte haben zunächst die gleichen Grundsätze zu beachten wie andere Unternehmen auch. Das bedeutet z.B. auch der werbewirksame Auftritt bei Facebook macht, vergleichbar zur eigenen Homepage, ein eigenes Impressum und die dazugehörigen Datenschutzhinweise notwendig. Besonderheiten können sich aus der anwaltlichen Schweigepflicht ergeben, was bei der Kommunikation mit Mandanten Bedeutung erlangt, Stichwort »Big brother is watching you«.

Oberwetter: Korrespondenz mit Mandanten über Netzwerke: datenschutzrechtlich und berufsrechtlich in Ordnung?

Duchrow: Anwaltliche Korrespondenz und Kommunikation ist regelmäßig besonders sensibel. Verstöße gegen die Schweigepflicht sind sogar strafbewehrt. Ohne Einwilligung des Mandanten sollte daher keine Kommunikation über Soziale Netzwerke stattfinden. Kanzleien sollten aus Seriositätsgründen darüber nachdenken, ganz auf Mandantenkommunikation über Soziale Netzwerke zu verzichten.

Wird eine Einwilligung verwendet, so wäre darauf hinzuweisen, wer alles Zugriff auf die Daten hat, was mangels Transparenz innerhalb der Sozialen Netzwerke ohnehin schon schwierig sein dürfte (z.B. Facebook Irland oder Facebook USA etc.).

Oberwetter: Frau Duchrow, vielen Dank für das Gespräch!

Kapitel 19 Impressum

I. Voraussetzungen

Wenn Sie einen Blog betreiben, unterfallen Sie der Pflicht, ein Impressum auf Ihren Seiten bereit zu halten. Aber auch Nutzer von Social Media, wie Facebook-Accounts müssen eine eigene Anbieterkennzeichnung vorhalten, wenn diese zu Marketingzwecken benutzt werden und nicht nur eine reine private Nutzung vorliegt.[4]

Das Impressum kennen Sie bereits von Ihrer Kanzlei-Homepage. Welche Informationen müssen Sie dort geben? Das ergibt sich aus § 5 TMG und § 55 Abs. 2 Rundfunkstaatsvertrag (RStV). Warum zusätzlich zu dem uns von der Homepage bekannten § 5 TMG noch die Vorschrift des § 55 RStV? Ein Blick auf das Gesetz hilft:

§ 55 Absatz 2 RStV

Anbieter von Telemedien mit journalistisch-redaktionell gestalteten Angeboten, in denen insbesondere vollständig oder teilweise Inhalte periodischer Druckerzeugnisse in Text oder Bild wiedergegeben werden, haben zusätzlich zu den Angaben nach den §§ 5 und 6 des Telemediengesetzes einen Verantwortlichen mit Angabe des Namens und der Anschrift zu benennen. Werden mehrere Verantwortliche benannt, so ist kenntlich zu machen, für welchen Teil des Dienstes der jeweils Benannte verantwortlich ist. Als Verantwortlicher darf nur benannt werden, wer

1. seinen ständigen Aufenthalt im Inland hat,

2. nicht infolge Richterspruchs die Fähigkeit zur Bekleidung öffentlicher Ämter verloren hat,

3. voll geschäftsfähig ist und

4. unbeschränkt strafrechtlich verfolgt werden kann.

Die Frage, ob Sie auf den Seiten ihres Blogs journalistisch-redaktionell gestaltete Angebote machen, dürfte leicht zu beantworten sein. Obgleich sich eine Definition dem Gesetz nicht entnehmen lässt. In der Gesetzesbegründung heißt es, dass solche Angebote massenkommunikativen Charakter aufweisen müssen und damit als elektronische Presse beschrieben werden können. Unter einer redaktionellen Gestaltung wird in der Literatur zumeist eine planvolle, nicht notwendig gewerbsmäßige Tätigkeit verstanden, die auf inhaltliche, sprachliche, grafische

---

4 Landgericht Aschaffenburg, Schlussurteil vom 19.8.2011 – 2 HKO 54/11, BeckRS 2011 24110.

oder akustische Bearbeitung eines Angebots abzielt und der Einwirkung auf die öffentliche Meinungsbildung oder der Information zu dienen bestimmt ist. Werbedrucksachen, Fahrpläne, Landkarten sowie Formulare, Mitgliederverzeichnisse, Unterhaltungs- und Rätselbücher sind keine solchen Angebote.[5] Da Ihr Blog die Schwelle reiner Werbepräsentation überschreiten wird, ist er als redaktionell gestaltetes Angebot zu sehen.

Für eine Rechtsanwaltskanzlei hat sich das OLG Bremen ganz eindeutig geäußert: Die Internetseite einer Rechtsanwaltskanzlei ist journalistisch-redaktionell gestaltet, wenn sich ihr Inhalt nicht in einer bloßen Eigenwerbung erschöpft, sondern regelmäßig bearbeitete Neuigkeiten sowie laufend Pressemitteilungen von der Kanzlei herausgegeben und ins Internet eingestellt werden.[6]

Danach sind folgende Informationen aufzunehmen:

§ 5 Abs. 1 Ziffer 1 TMG verpflichtet Sie, Name und die Anschrift, unter der Sie niedergelassen sind, bei juristischen Personen zusätzlich die Rechtsform und den Vertretungsberechtigten zu nennen. Der Schutzzweck der Vorschrift ist darauf gerichtet, dass ein Dritter seine Rechte Ihnen gegenüber durchsetzen kann, so dass es sich um eine ladungsfähige Anschrift handeln muss, mithin ist eine vollständige Namensnennung ohne Abkürzungen notwendig. Die Angabe eines Postfachs ist nicht ausreichend.[7]

Ziffer 2 verpflichtet Sie, Angaben zu machen, die eine schnelle elektronische Kontaktaufnahme und unmittelbare Kommunikation mit Ihnen zu ermöglichen, einschließlich der Adresse der elektronischen Post. Auf dieser Grundlage haben Sie ihre E-Mail-Adresse, eine Telefonnummer und Ihre Fax-Nummer anzugeben.

Soweit Sie in einer bestimmten Rechtsform tätig sind, haben Sie gemäß Ziffer 4 Handels- oder Partnerschaftsregister zu benennen und die entsprechenden Registernummern.

Ziffer 5 erfordert die Angabe der Kammer, welcher Sie angehören, die Angabe der gesetzlichen Berufsbezeichnung und des Staates, in dem die Berufsbezeichnung verliehen worden ist, sowie die Bezeichnung der berufsrechtlichen Regelungen und dazu, wie diese zugänglich sind. Sie müssen diese Angaben zu den berufsrechtlichen Regelungen nicht notwendig auf dem Blog bereit halten, es genügt eine. Das ist für Anwälte mit einem Link auf die Seite der Bundesrechtsanwaltskammer (BRAK), wo die berufsrechtlichen Regelungen niedergelegt sind, ohne weiteres möglich.

---

5 Vgl. *Ott*, MMR 2007, S. 356 f.
6 OLG Bremen, GRUR-RR 2011, 229.
7 Vgl. *Ott*, a.a.O., S. 357.

Ziffer 6 erfordert dann noch, soweit vorhanden, die Angabe der Umsatzsteueridentifikationsnummer beziehungsweise der Wirtschaftsidentifikationsnummer.

Zu den Pflichtangaben gehören für Anwälte auch die Angaben zur Berufshaftpflichtversicherung.

Hinzu kommt die Angabe nach § 55 Abs. 2 RStV. Es muss ein Verantwortlicher mit Angabe des Namens und der Anschrift benannt werden.

Nach §§ 5 TMG, 55 RStV muss das Impressum leicht erkennbar, unmittelbar erreichbar und ständig verfügbar sein. Die Pflichtangaben sollten von keiner Website mehr als zwei Klicks entfernt sein. Auf dem Blog sollte sich das Impressum auf der Startseite befinden. Sie sollten darauf achten, dass die Impressumangaben leicht ausdruckbar sind und in einer gut lesbaren Schriftgröße erfolgen.

II. Impressumspflicht auf Facebook, Twitter & Co.

1. Entscheidung des Landgerichts Aschaffenburg vom 19.8.2011

Ich hatte bereits erwähnt, dass eine Impressumspflicht nach §§ 5 TMG, § 55 Abs. 2 RStV nicht nur für die eigene Website oder Blogs gilt. Das Landgericht Aschaffenburg hat sich kürzlich mit der Frage beschäftigt, ob bei einem Handeln im geschäftlichen Verkehr ein Impressum auf der Facebook-Seite des Unternehmens benötigt wird und wo es platziert sein sollte. Das Landgericht stellt zunächst fest, dass das Impressum sich nicht notwendig auf der Facebook-Seite befinden müsse; es sei zulässig, auf das Impressum der eigenen Webseite zu verlinken. Diese Angaben müssten jedoch einfach und effektiv optisch wahrnehmbar und ohne langes Suchen auffindbar sein. Ein Verweis auf das Impressum unter dem Facebook-Botton »Info« genüge diesen Anforderungen nicht.[8] Man mag diese Entscheidung des Gerichts in Zweifel ziehen, denn ein Facebook-Nutzer, der nach einem Impressum sucht, wird das am ehesten unter der Info tun. Für Sie bedeutet das jedoch, dass Sie an prägnanter Stelle auf das Impressum verlinken müssen. Das Landgericht Aschaffenburg hat diese Pflicht konkret lediglich für Facebook ausgesprochen. Für andere Soziale Netzwerke gilt jedoch nichts Anderes.

2. Wohin mit dem Impressum in den Netzwerken?

Die Entscheidung des Landgerichts Aschaffenburg lässt die Frage aufkommen, wie und wo das Impressum auf den einzelnen Seiten platziert werden muss, damit es den rechtlichen Anforderungen genügt. Angaben zum Impressum müssen leicht erkennbar sein, auf Ihrer Seite im Sozialen Netzwerk muss also ein

---

8 S. Rz. 6.

Hinweis auf das Impressum deutlich gegeben sein. Zudem muss das Impressum unmittelbar erreichbar sein. Das bedeutet, dass die Daten ohne wesentliche Zwischenschritte erreichbar sind. Das Impressum darf nicht mehr als zwei Klicks entfernt sein.[9] Wo also ist das Impressum bei den bekannten Netzwerken zu integrieren?

Die folgenden Ausführungen sind lediglich Empfehlungen dazu, wie man das Impressum möglichst rechtskonform integrieren kann. Derzeit besteht unter Juristen die Auffassung, dass man der Impressumspflicht zumindest bei Facebook überhaupt nicht nachkommen könne. Lesenswert hierzu:

http://allfacebook.de/pages/facebook-seiten-und-die-impressumspflicht-was-tun-nach-dem-neuen-urteil/comment-page-1

a) Facebook

Bei Facebook ist es möglich, einen eigenen Reiter zu erstellen, den Sie dann ausdrücklich als Impressum bezeichnen können.

Um auf Facebook ein Impressum zu integrieren, gehen Sie auf folgende Seite: http://www.facebook.com/apps/application.php?id=4949752878. Sie fügen dann die Applikation »StaticFBML« hinzu. Wenn Sie nun auf Ihre Seite gehen, finden Sie die Angabe StaticFBML auf dem linken Seitenrand unten. Gehen Sie dann auf »Bearbeiten« und setzen Sie in die Maske oben den Begriff »Impressum« ein. Setzen Sie dann in das weitere Textfeld entweder ein vollständiges Impressum oder einen Link auf das Impressum auf Ihrer Website. Da Sie durch den neuen Reiter viel Platz besitzen, empfehle ich, das Impressum dort komplett niederzulegen und nicht nur einen Link zu setzen.

b) Twitter

Eine Möglichkeit zur Integration des Impressums bietet sich unter den Einstellungen an: Gehen Sie auf »Bio« und fügen Sie dort das Wort Impressum mit einem Link ein.

c) Google+

Gehen Sie unter »Profil bearbeiten« auf den Punkt »Über mich«. Dort können Sie in das Intro den Begriff Impressum setzen und einen Link setzen. Es bleibt jedoch auch genug Raum, um das Impressum direkt auf der Seite zu integrieren. Daneben ist es noch möglich, rechts auf der Seite unter »Weitere Profile« einen Reiter namens »Impressum« zu erstellen und von dort auf Ihre Website zu verlinken.

---

9   BGH, MMR 2007, 40 (41).

d) XING

Auf der Unternehmensseite von XING kann das Impressum entweder unter der Kurzbeschreibung oder besser unter der Rubrik »Über Uns« eingefügt werden.

III. Beispiel-Impressum

► Beispiel-Impressum

Rechtsanwalt Heinz Müller
Mönckebergstraße 12
20095 Hamburg
info@mueller.de; www.müller.de
Tel.: 040-9876540
Fax: 040-98765411

Angaben zur Kammer:
Hanseatische Rechtsanwaltskammer Hamburg
Bleichenbrücke 9
20354 Hamburg

Angaben der gesetzlichen Berufsbezeichnung und des Staats, in dem diese verliehen wurde:
Rechtsanwalt, verliehen in der Bundesrepublik Deutschland

Bezeichnung der berufsrechtlichen Regelungen:
Sie finden die Angaben auf der Seite der Bundesrechtsanwaltskammer:
http://www.brak.de/fuer-anwaelte/berufsrecht/

Angabe der Umsatzsteueridentifikationsnummer:
DE 354654876

Berufshaftpflichtversicherung
Anwaltsversicherung GmbH, Seestraße 12, 10095 Berlin
Geltungsbereich: Europaweit für Kanzleien und Büros, die in der Bundesrepublik Deutschland eingerichtet sind oder unterhalten werden.
---
verantwortlich gemäß § 55 Abs. 2 RStV: Heinz Müller

IV. Rechtsfolgen eines fehlerhaften Impressums

Ein vorsätzlicher oder fahrlässiger Verstoß gegen § 5 TMG stellt eine Ordnungswidrigkeit dar, die mit einem Bußgeld von bis zu 50.000 Euro belegt werden kann, vgl. § 16 TMG. Ferner sind Ansprüche nach dem Unterlassungsklagesetz denkbar. Vor allem sind jedoch Inanspruchnahmen durch kostenpflichtige Abmahnungen von Kollegen denkbar. Nach Auffassung des BGH sind Verstöße gegen die Impressumspflicht wettbewerbsrechtlich relevant.

Kapitel 20 Gegendarstellung, Unterlassung und Widerruf

Nach obigen Ausführungen ist es ohne Frage, dass Ihr Auftritt im Blog und auf den Sozialen Netzwerken mit einer journalistisch-redaktionellen Gestaltung nach § 55 Abs. 2 RStV einhergeht. Damit findet auch § 56 RStV Anwendung, der den Gegendarstellungsanspruch regelt.

Anbieter von Telemedien mit journalistisch-redaktionell gestalteten Angeboten sind danach verpflichtet, unverzüglich eine Gegendarstellung der Person oder Stelle, die durch eine in ihrem Angebot aufgestellte Tatsachenbehauptung betroffen ist, ohne Kosten für den Betroffenen in Ihr Angebot ohne zusätzliches Abrufentgelt aufzunehmen. Das OLG Bremen hatte im bereits zitierten Fall ein entsprechendes Gegendarstellungsrecht auf den Seiten einer Rechtsanwaltskanzlei angenommen.

Der Gegendarstellungsanspruch gewährt dem von einer Tatsachenbehauptung Betroffenen ein Entgegnungsrecht im Dienst des Anbieters. Der Gegendarstellungsanspruch setzt keine Verletzung des allgemeinen Persönlichkeitsrechts voraus, sondern verlangt nur eine Betroffenheit. Das bedeutet: Wann immer in einem Blog etwas über eine Person behauptet wird, hat diese Person gegen den Blog-Anbieter einen Anspruch darauf, seine Sicht der Dinge darzulegen. Das hat grundsätzlich an gleicher Stelle und mit gleicher Aufmachung zu erfolgen.[10] Fakt ist allerdings, dass die ursprüngliche Äußerung eine Tatsachenbehauptung sein muss. Es gilt das Prinzip der Waffengleichheit zwischen Anbieter und Betroffenen. Der Betroffene darf der Tatsachenbehauptung des Anbieters nur mit einer tatsächlichen Schilderung entgegen treten, also abermals mit einer Tatsachenbehauptung.

Im Ergebnis bedeutet das, dass Sie auf Ihrem Blog einen entsprechenden Raum frei machen und tolerieren müssen, dass eine fremde Erklärung über Ihren Blog verbreitet wird, die der ursprünglichen Schilderung vermutlich entgegen steht.

In § 56 RStV sind Gründe geregelt, wann eine Gegendarstellung ausgeschlossen ist, namentlich dann, wenn seitens des Betroffenen kein berechtigtes Interesse besteht, der Umfang der Gegendarstellung unangemessen ist, die Gegendarstellung sich nicht auf tatsächliche Angaben beschränkt oder sich durch Zeitablauf erledigt hat.

Daneben kann der Betroffene noch einen Anspruch auf Unterlassung besitzen. Der Betroffene hätte allerdings in diesem Fall die Unrichtigkeit der Tatsachenbehauptung darzulegen und zu beweisen. Vorgegangen werden kann auch gegen Meinungsäußerungen, aber nur in Ausnahmefällen, weil das in Art. 5 Abs. 1 GG geschützte Recht auf freie Meinungsäußerung sehr weit geht.

---

10 Vgl. *Zoebisch*, ZUM 2011, 390 ff.

Kapitel 20 Gegendarstellung, Unterlassung und Widerruf

Gegebenenfalls kann sich bei Vorliegen einer unwahren Tatsachenbehauptung ein Anspruch auf Widerruf ergeben. In diesen Fällen müssten Sie als Autor die falsche Tatsachenbehauptung richtig stellen bzw. widerrufen.

Ein prominentes Beispiel für einen letztlich gescheiterten Anspruch auf Richtigstellung beziehungsweise Widerruf einer Tatsachenbehauptung bietet eine Entscheidung des Landgerichts Hamburg vom 13.08.2010:

Ihnen ist sicher der Vorfall um die ehemalige EKD-Vorsitzende Frau Käßmann noch in Erinnerung. Frau Käßmann war nachts in Hannover nach einem Rotlichtverstoß von der Polizei angehalten worden. In diesem Rahmen wurde festgestellt, dass Sie erheblich angetrunken war. Ein Hamburger Rechtsanwalt hatte kurz danach in seinem Blog veröffentlicht, aus zufälliger Quelle erfahren zu haben, dass der Beifahrer von Frau Käßmann bei dieser Fahrt der ehemalige Kanzler Herr Schröder gewesen wäre. Der Kanzler a.D. schickte dem Anwalt umfassend eine Aufforderung zur Unterlassung. Daraufhin veröffentlichte die Hamburger Morgenpost einen Artikel »Käßmanns Suff-Fahrt – Saß Schröder neben der blauen Bischöfin? – Hamburger Anwalt outet Altkanzler – er dementiert – Nun kommt der Fall vor Gericht«. Schröder erhob Klage auf Richtigstellung gegen die Zeitung, dass er nicht der Beifahrer von Frau Käßmann gewesen wäre. Das Landgericht Hamburg hat die Klage abgewiesen. Ein Anspruch auf Veröffentlichung einer Richtigstellung fehle, weil es an der dafür erforderlichen fortgesetzten Rufbeinträchtigung des Klägers fehle. Eine Rufbeeinträchtigung setze voraus, dass eine Ansehensminderung von erheblichem Gewicht bestehe. Das sei hier nicht anzunehmen, denn Herrn Schröders Ansehen werde nicht dadurch gemindert, dass er neben der Bischöfin gesessen haben solle.[11]

▶ **Gegendarstellungsanspruch**
  – richtet sich gegen Tatsachenbehauptungen
  – keine Voraussetzung, dass Tatsachenbehauptung falsch ist

Unterlassungs- und Widerrufsanspruch
  – richtet sich gegen unrichtige Tatsachenbehauptungen und unzulässige Meinungsäußerungen

---

11 LG Hamburg, AfP 210, 609.

Kapitel 21 Haftung für fremde Inhalte

I. Grundsätze

Wir haben eben gesehen, dass Sie für eigene Beiträge haften können. Das wird Sie nicht überrascht haben, denn auch außerhalb des Netzes sind unrichtige Tatsachenbehauptungen oder Ehrverletzungen nicht erlaubt.

Als Blogger öffnen Sie Ihre Seite auch für Diskussionen und Kommentare anderer. Wie sieht es damit aus? Man könnte zunächst einmal auf die Idee kommen, dass Sie das nichts angeht, denn es handelt sich schließlich nicht um Ihre eigenen Beiträge. Das ist in der Regel auch zutreffend: In einem Blog kann man nicht ohne weiteres davon ausgehen, dass Sie sich die Kommentare oder Beiträge anderer zu Eigen machen. Die Beiträge werden nicht schon dadurch, dass Sie in Ihrem Blog stehen, zu Informationen, für die Sie haften müssen. Ihre mögliche Haftung hat ihren Ursprung in § 7 Abs. 1 TMG: Danach sind Dienstanbieter für eigene Informationen, die sie zur Nutzung bereithalten, nach den allgemeinen Gesetzen verantwortlich. Eigene Inhalte im Sinne des TMG können nicht nur eigene Behauptungen sein, sondern auch fremd erstellte Inhalte, die der Dienstanbieter sich zu eigen macht und sie so übernimmt, dass er aus der Sicht eines objektiven Nutzers für Sie die Verantwortung tragen will. Das zu Eigen machen ergibt sich aus einer wertenden Betrachtung der Gesamtumstände.[12] So könnte auf einem Blog ein sich zu eigen machen durch Sie vorliegen, wenn Sie einem Kommentar eines Dritten beipflichten. Aber Sie wissen selbst, dass es noch andere Formen geben kann, zum Beispiel ein »beredtes Schweigen«, wenn noch andere Umstände hinzukommen. Allerdings stellt ein Blog ein Meinungsforum dar – gerade dort kann man nicht ohne weiteres von einem zu eigen machen ausgehen.

Sie stellen den Nutzern eine Plattform zur Verfügung auf denen sich Dritte äußern können. Damit speichern Sie fremde Informationen und sind als Hostprovider gem. § 10 Satz 1 TMG anzusehen. Das stellt grundsätzlich eine Haftungsprivilegierung dar.

§ 10 TMG Speicherung von Informationen

Diensteanbieter sind für fremde Informationen, die sie für einen Nutzer speichern, nicht verantwortlich, sofern

1. sie keine Kenntnis von der rechtswidrigen Handlung oder der Information haben und ihnen im Falle von Schadensersatzansprüchen auch keine Tatsachen oder Umstände bekannt sind, aus denen die rechtswidrige Handlung oder die Information offensichtlich wird, oder

---

12 Vgl. OLG Hamburg, ZUM 2009, 642.

2. *sie unverzüglich tätig geworden sind, um die Information zu entfernen oder den Zugang zu ihr zu sperren, sobald sie diese Kenntnis erlangt haben.*

Allerdings ist daneben § 7 Abs. 2 TMG zu beachten:

§ 7 Allgemeine Grundsätze

Diensteanbieter im Sinne der §§ 8 bis 10 sind nicht verpflichtet, die von ihnen übermittelten oder gespeicherten Informationen zu überwachen oder nach Umständen zu forschen, die auf eine rechtswidrige Tätigkeit hinweisen. Verpflichtungen zur Entfernung oder Sperrung der Nutzung von Informationen nach den allgemeinen Gesetzen bleiben auch im Falle der Nichtverantwortlichkeit des Diensteanbieters nach den §§ 8 bis 10 unberührt.

Danach ist ein Unterlassungsanspruch für fremde Beiträge aus allgemeiner Störerhaftung denkbar. Voraussetzung ist, dass Sie willentlich und adäquat kausal zu einer Rechtsverletzung beigetragen haben. Ihr Tatbeitrag besteht darin, dass Sie als Inhaber des Blogs Dritten die Möglichkeit geboten haben, gewisse Inhalte zu platzieren. Damit haben Sie eine Gefahrenquelle geschaffen. Wer als Betreiber einer Internetseite Speicherplatz für die Veröffentlichung von Kommentaren Dritter zur Verfügung stellt, haftet auf Unterlassung, wenn er ihm obliegende Prüfpflichten verletzt hat.[13] Ob und welche Prüfpflichten dem Betreiber des Blogs obliegen, ist anlassbezogen zu beurteilen. Grundsatz dürfte sein, dass zunächst keine hohen Anforderungen an die Prüfpflichten zu stellen sind. Allerdings: Je konkreter Anlass zu der Befürchtung besteht, dass es durch Kommentare auf einer Internetseite zu Persönlichkeitsrechtsverletzungen kommen wird und je schwerwiegender die zu befürchtenden Verletzungen sind, umso mehr Aufwand muss der Betreiber auf sich nehmen, um die auf seiner Seite eingestellten Kommentare zu prüfen.[14] Es kommt also immer darauf an, welches Thema Sie anschneiden und welche Erfahrungen Sie möglicherweise schon auf Ihrem Blog mit unzulässigen Äußerungen gemacht haben. Besteht eine Pflicht zur Prüfung, so stellt sich die Frage der Taktung: Das Amtsgericht München ist der Auffassung, dass der Inhaber eines Blogs seinen Überwachungspflichten in ausreichendem Maße nachkommt, wenn er mehrmals täglich die Kommentare kontrolliert.[15]

Es ergibt sich in jedem Falle die Pflicht, einen ehrverletzenden Beitrag unverzüglich von der Seite zu nehmen, sobald man davon Kenntnis bekommt. Auf der anderen Seite haben Sie allerdings immer mit der durch Art. 5 Abs. 1 GG geschützten Meinungsäußerungsfreiheit abzuwägen. Sogar abwertende Äußerungen dürfen, solange sie sachbezogen sind, scharf, schonungslos und sogar ausfallend sein. Lediglich bewusst unwahre Tatsachenbehauptungen oder Äußerungen, bei

---

13 OLG Hamburg, MMR 2006, 744.
14 LG Hamburg, MMR 2008, 265.
15 AG München, MMR 2008, 782.

denen es nicht mehr um Auseinandersetzung in der Sache geht, sondern jenseits polemischer und überspitzter Kritik um Diffamierung anderer, unterfallen nicht dem Schutz der Meinungsfreiheit. Im Zweifel sehen Sie sich also zwei Fronten gegenüber: dem vermeintlich geschädigten Dritten, der den Kommentar entfernt wissen will und dem Kommentator, der auf seine Meinungsäußerungsfreiheit pocht.

▶ **Haftung für fremde Inhalte**

Zu eigen machen:
- z.B. durch ausdrückliche Billigung:
- Haftung wie bei eigenen Inhalten nach § 7 Abs. 1 TMG

Störerhaftung:
- schaffen einer Gefahrenquelle durch Ermöglichen von Kommentaren auf dem Blog und
- keine Erfüllung der im Einzelfall bestehenden Prüfpflichten

II. Empfehlungen zur Haftungsvermeidung

▶ **Empfehlungen**

- verwenden Sie Nutzungsbedingungen (Verhaltensrichtlinien, Haftungsfreistellung)
- Registrierungspflicht
- Kennzeichnung fremder Inhalte
- Kontrolle der Inhalte bei gewagten Themen
- Löschung offensichtlich rechtswidriger Inhalte (Beleidigungen, offensichtliche Lügen)
- Entfernung von Beiträgen nach Hinweis durch Dritte (wenn Rechtsverletzung tatsächlich gegeben ist)

Kapitel 22 Berufsrechtliche Beschränkungen

Ist es berufsrechtlich problematisch, als Anwalt in den Sozialen Medien aktiv zu sein?

Nach § 43 Bundesrechtsanwaltsordnung (BRAO) hat sich der Anwalt innerhalb und außerhalb des Berufs der Achtung und des Vertrauens, welche die Stellung des Rechtsanwalts erfordert, würdig zu erweisen.

§ 43b BRAO gibt dann eine Konkretisierung im Bezug auf Werbung. Werbung ist dem Rechtsanwalt nur erlaubt, soweit sie über die berufliche Tätigkeit in Form und Inhalt sachlich unterrichtet und nicht auf die Erteilung eines Auftrags im Einzelfall gerichtet ist.

Hinzu kommt § 6 der Berufsordnung für Rechtsanwälte (BORA). Die Angabe von Erfolgs- und Umsatzzahlen ist demnach unzulässig. Hinweise auf Mandate und Mandanten sind nur zulässig, soweit der Mandant ausdrücklich eingewilligt hat.

Welche Schlussfolgerungen lassen sich daraus ziehen? Zunächst ist es eine Selbstverständlichkeit für jeden Anwalt, dass er in Sozialen Netzwerken zu seinen Mandatsverhältnissen nur mit ausdrücklicher Einwilligung des Mandanten etwas sagt. Auch ohne die Vorschrift des § 6 BORA wäre die Nennung eines Mandanten eine Verletzung der anwaltlichen Pflichten, und zwar konkret der Verschwiegenheitspflicht aus § 43a Abs. 2 BRAO. Und nicht nur das: Die Verletzung der Verschwiegenheitspflicht ist über § 203 StGB (Verletzung von Privatgeheimnissen) strafbewehrt.

Bei Gegnern ist das etwas anderes: Nach dem Bundesverfassungsgericht darf ein Rechtsanwalt eine sogenannte Gegnerliste im Internet veröffentlichen und sie dabei namentlich mit Falllisten aufführen.[16]

Schwieriger wird es in Bezug auf die sachliche Werbung in § 43b BRAO. Ist die Präsenz von Anwälten in Sozialen Medien überhaupt Werbung?

Werbung ist ein Verhalten, das planvoll darauf angelegt ist, andere für sich zu gewinnen, die Leistung des Werbenden in Anspruch zu nehmen. Erst wenn ein Verhalten als Werbung zu bewerten ist, hat sich die Prüfung anzuschließen, ob es sich nach den genannten Grundsätzen um eine berufsrechtlich nicht erlaubte Werbung handelt.[17] Im Ergebnis wird man bei der Tätigkeit von Anwälten in Sozialen Netzwerken von Werbung ausgehen können, wenn sie unter Angabe ihrer Berufsbezeichnung auftreten und eine Verlinkung zu einer Website gegeben ist. Zudem: Wenn Sie bei Twitter oder Facebook Impressumsangaben machen, erklären Sie selbst, dass die Seite geschäftlichen Zwecken dient.

---
16 BVerfG, NJW 2008, 838.
17 Feuerich/Weyland, § 43b BRAO, Rz. 5, 6.

§ 43b BRAO setzt voraus, dass über die berufliche Tätigkeit unterrichtet wird. Die berufsbezogene Unterrichtung ist im Hinblick auf die Berufsausübungsfreiheit des Anwalts wie auch des Informationsinteresses der Rechtsuchenden weit zu interpretieren.[18] Es muss keine Unterrichtung über die persönliche berufliche Tätigkeit des Anwalts erfolgen, auch allgemeine Informationen über Rechtsfragen werden von der Berufsbezogenheit umfasst. Angaben zu berufsfremden Tätigkeiten sind unzulässige Werbung.[19] Man wird diesen Grundsatz in Sozialen Medien allerdings einschränkend sehen müssen. So mancher Blog lebt davon, dass er Anmerkungen nichtjuristischer Art zu aktuellen Themen macht oder sogar über private Erlebnisse berichtet. Solche Angaben als verbotene Werbung anzusehen, würde der Art der Präsentation nicht gerecht. Man wird darauf abstellen müssen, ob ein Blog oder ein Account in Sozialen Netzwerken insgesamt als berufsbezogen betrachtet werden kann oder nicht. Einzelne private Beiträge vermögen daran nichts zu ändern, es sei denn, sie sind ersichtlich darauf gerichtet, über diesen privaten Beitrag Mandanten anzusprechen.

▶ **Ein Beispiel**

Ein Anwalt ist in einer weiteren beruflichen Tätigkeit Schauspieler in einer Fernsehserie. Hierauf gibt er in seinem Blog immer wieder Hinweise im Sinne von »Wer hat schon einen Promi als Anwalt?« verbunden mit Videos aus der Serie.

Aber:
Wenn der Anwalt lediglich in sachlicher Form darüber unterrichtet, dass er auch Schauspieler ist, und er mit seinem Blog speziell Künstler ansprechen möchte, so ist das zulässig.

In jedem Fall muss die Werbung in Form und Inhalt sachlich sein. Zweifel an der Form der Werbung bestehen nicht. Einen Blog zu betreiben oder in einem Sozialen Netzwerk präsent zu sein, ist für sich genommen genau so wenig unsachlich, wie in einem Print-Magazin Rechtstipps zu geben. Auch neuartige Werbeformen sind zulässig, solange sie allgemein üblich sind.[20] Auch diese Hürde stellt kein Problem dar.

Die Werbung muss in Inhalt sachlich sein. Werturteile über die eigenen Dienstleistungen sind in der Regel nicht sachlich, also Qualitätsanpreisungen ohne sachlichen oder tatsächlichen Inhalt.[21] Unzulässig ist ferner irreführende Werbung. Es darf sich außerdem nicht um eine Direktwerbung für den konkreten Einzelfall handeln, was aber kaum in Betracht kommt. Ausdrücklich zulässig ist das Ansprechen einer unbestimmten Anzahl von potenziellen Mandanten.

---

18 *Feuerich/Weyland*, § 43b BRAO, Rz. 10.
19 *Feuerich/Weyland*, a.a.O.
20 *Feuerich/Weyland*, § 43b BRAO, Rz. 20.
21 *Feuerich/Weyland*, § 43b BRAO, Rz. 22.

Kapitel 22 Berufsrechtliche Beschränkungen

Im Zweifel werden Sie in Ihrem Blog unter den Sozialen Netzwerken sachlich unterrichten. Bei Social Media handelt es sich gerade nicht um marktschreierische Werbung, sondern um Interaktion und Darstellung von Sachverhalten.

Kapitel 23 Markenrecht

Markenrechtsverletzungen durch Anwälte in Sozialen Netzwerken? Bei Rechtsanwälten wird das sicher nur im Einzelfall vorkommen. Viele Anwälte werden unter ihren eigenen Namen auftreten. Sollte allerdings ein Fantasiename gewählt werden, und ein Wettbewerber Markeninhaber sein, so kann es zu einer Abmahnung kommen. In diesem Rahmen müssen Sie dann prüfen, ob Sie die der Abmahnung beigefügte strafbewerte Unterlassungserklärung unterzeichnen oder nicht. Falls Sie auf die Abmahnung nicht oder ablehnend reagieren, kann es zum Erlass einer einstweiligen Verfügung kommen. Gegen diese einstweilige Verfügung bestehen gleichfalls Rechtsmittel.

Es besteht die Möglichkeit, dass der Inhaber einer Marke nicht direkt gegen Sie als Account-Inhaber vorgeht, sondern sich den Betreiber des Sozialen Netzwerkes direkt wendet. Erinnern Sie sich an die Ausführungen zu den Nutzungsbedingungen einiger US-Netzwerkbetreiber in Kapitel 6? Es kann vorkommen, dass Sie sich plötzlich einer Sperrung oder Löschung Ihres Accounts gegenübersehen. Es ist aus tatsächlicher Sicht schwierig, gegen solche Maßnahmen von Netzwerkbetreibern mit Sitz in den USA vorzugehen.

Kapitel 24 Urheberrecht

Ihr Blog und Ihre Accounts in den Sozialen Netzwerken leben davon, dass Sie Beiträge, Fotos oder gar Videos veröffentlichen. So lange Sie Artikel selbst schreiben, es sich um von Ihnen selbst erstellte Fotos oder Videos handelt, ist das in der Regel kein Problem.

Texte, Fotos oder Videos sind in der Regel urheberrechtlich geschützte Werke. Wenn Sie fremde Werke auf Ihren Seiten veröffentlichen möchten, muss Ihnen der Rechteinhaber die Nutzungsrechte eingeräumt haben. Häufige Rechtsverletzungen im Internet sind die unberechtigte Verwendung von Texten und Fotos.

Texte genießen als Sprachwerke den Schutz des § 32 Abs. 1 Nr. 1 Urheberrechtsgesetz (UrhG), Fotos fallen unter § 2 Abs. 1 Nr. 5 UrhG und § 72 UrhG. Werden Urheberrechte verletzt, so werden in der Regel vom Rechteinhaber Ansprüche auf Unterlassung und Schadensersatz nach § 97 UrhG geltend gemacht.

Bei der Verwendung unlizenzierter Fotos besteht eine relativ große Gefahr, dass Fotoagenturen als Rechteinhaber die Rechtsverletzungen verfolgen und Schadensersatz fordern. Es wird eine angemessene Lizenzgebühr im Rahmen der Lizenzanalogie gefordert. Im Rahmen der Schadensbemessung werden die Honorarempfehlungen der Mittelstandsgemeinschaft Foto-Marketing zugrunde gelegt. Bei Verwendung mehrerer Fotos können sich schnell vierstellige Schadensersatzforderungen im oberen Bereich ergeben.

Kapitel 25 Sonstiges zum Social Media-Recht

Von Sozialen Netzwerken automatisch angelegte Unternehmensprofile müssen von den betroffenen Firmen nicht hingenommen werden, so die Auffassung des Landgericht Nürnberg-Fürth aus dem Mai 2011. In der Sache wurde ein Vergleich geschlossen.[22]

---

22 http://www.nordbayern.de/nuernberger-nachrichten/wirtschaft/erlanger-richter-verwiesen-xing-in-die-schranken-1.1229209.

Teil 7 Social Media Ergebnisse

Teil 7 Social Media Ergebnisse

Nun sind wir am Ende eines langen Weges und kurz vor dem Schluss des Buches. Als Kür kommt nun lediglich noch die beispielhafte Darstellung des Arbeitsrechts mit seinen Bezügen zu Social Media. Zeit, sich zurückzulehnen und zu schauen, was Sie alles schon erledigt haben:

Ihnen ist es gelungen, einen informativen Newsletter regelmäßig an Ihre Mandanten und an potenzielle Mandanten zu verschicken.

Sie haben sich in die Welt der Blogs eingelebt und rege an der Kommunikation durch Kommentare teilgenommen. Schließlich haben Sie selber einen Blog ins Leben gerufen, der stets aktuell mit Inhalt versehen wird.

Sie haben einen Twitter-Account und kommunizieren mit Ihren Followern.

Sie haben Profile bei XING und LinkedIn aufgebaut. Nicht nur das: Sie nehmen dort an Gruppendiskussionen teil.

Bei Facebook existiert eine Kanzleiseite von Ihnen.

Nichts ist statisch, Sie füttern die Kanäle regelmäßig mit wertvollen Beiträgen.

Möglicherweise haben Sie sogar schon geerntet und die Mandanten fallen zwar nicht vom Himmel, kommen jedoch aus dem Netz zu Ihnen.

Sehr gut. Dann lesen Sie nun weiter, welchen Bezug das Arbeitsrecht als wenig internetnahes Gebiet zu den Sozialen Medien hat. Sie werden möglicherweise erstaunt sein, wie viele Facetten hier gegeben sind.

Teil 8   Arbeitsrecht und Social Media

Teil 8 Arbeitsrecht und Social Media

Der Einsatz von Sozialen Netzwerken im Unternehmen ist durch Vor- und Nachteile gekennzeichnet. Unbestreitbare Vorteile gibt es bei Marketing, Recruiting, Kontaktpflege und Informationsfluss. Nachteile sind demgegenüber der Verlust von Arbeitszeit, negative Äußerungen, Verrat von Geschäftsgeheimnissen und Fragen der IT-Sicherheit.

Teil 8 Arbeitsrecht und Social Media Kapitel 26

Kapitel 26 Bewerberauswahl über Soziale Netzwerke

I. Übersicht

In der Praxis ist es seit kurzem umstritten, in welchem Umfang Soziale Netzwerke für die Bewerberauswahl genutzt werden.

Im Juli 2009 befragte das BIMA-Institut 500 Unternehmen dazu, in welchem Umfang sie Internetrecherchen bei der Personalauswahl nutzen. Je nach Unternehmensgröße nutzen nach dieser Studie zwischen 28 und 46 % der Unternehmen das Internet für die Personalauswahl. Von diesem Unternehmen erhoben 36 % auch Daten aus sozialen Netzwerken. Andere Stimmen bekunden, dass die Bewerberauswahl über Soziale Netzwerke kaum eine Rolle spielt. Man muss hier jedoch differenzieren: Die direkte Auswahl eines Bewerbers über ein Soziales Netzwerk wird möglicherweise bislang nicht die Regel sein. Davon abzugrenzen sind jedoch die Fälle, in denen Daten eines Bewerbers über das Internet und Soziale Netzwerke recherchiert werden, also den Bestandsdaten der Bewerbung neue Daten hinzugefügt werden. Aus diesem Grunde ist es von Relevanz, sich deutlich zu machen, in welcher Form solche Recherchen in sozialen Netzwerken zulässig sind.

II. Rechtliche Regelungen

1. AGB der Betreiber von Sozialen Netzwerken

Eine Schranke ziehen die AGB der Netzwerkbetreiber. Die Netzwerkbetreiber verpflichten die Nutzer dazu, sich unter ihren wirklichen Namen anzumelden. Eine Recherche unter einem Pseudonym wäre also unzulässig. Die Netzwerke der VZ-Gruppe erlauben den Zugang nur natürlichen Personen. Hinzukommt, dass die freizeitorientierten Netzwerke den Zugang auf private Zwecke beschränken bzw. die Verwendung für gewerbliche, geschäftliche oder kommerzielle Zwecke untersagen (wobei sich auch hier Änderungen ergeben: Facebook hat sich für Unternehmen geöffnet, die Verwendung für gewerbliche Zwecke ist mithin zulässig).

2. Datenschutzrechtliche Vorgaben

Dreh- und Angelpunkt bildet bezüglich der Nutzung von Bewerberdaten der Datenschutz. Merken sollte man sich im Datenschutzrecht folgenden Grundsatz:

▶ Eine Nutzung von personenbezogenen Daten ist nur zulässig, wenn der Betroffene in die Nutzung der Daten eingewilligt hat oder wenn eine gesetzliche Regelung diese Nutzung erlaubt.

3. Aktuelle Gesetzeslage

Nach § 32 Abs. 1 S. 1 BDSG dürfen Daten von Bewerbern genutzt werden, wenn das für die Entscheidung über die Begründung eines Beschäftigungsverhältnisses erforderlich ist. Die Erforderlichkeit ist gegeben, wenn die Daten für das Bewerbungsverfahren benötigt werden und die berechtigten Informationsinteressen nicht auf andere Art und Weise befriedigt werden können. Es handelt sich um eine sehr allgemeine Klausel und die Meinungen, ob Daten aus Sozialen Netzwerken erhoben werden dürfen, gehen weit auseinander.

4. Neue Regelungen – Der Gesetzentwurf

Die neuen avisierten Regelungen zum Beschäftigtendatenschutz in §§ 32 ff. Bundesdatenschutzgesetz des Gesetzentwurfs (BDSG-GE) sollen nun Klarheit schaffen.

§ 32 BDSG-GE regelt die Datenerhebung vor Begründung eines Beschäftigungsverhältnisses. Nach Ziffer 1 darf der Arbeitgeber gewisse grundlegende Daten des Bewerbers erheben, und zwar Name, Anschrift, Telefonnummer und die E-Mail-Adresse. Erheben bedeutet nach der Legaldefinition des § 3 Abs. 3 BDSG das Beschaffen von Daten über den Betroffenen. Darüber hinaus darf der Arbeitgeber personenbezogene Daten erheben, soweit die Kenntnis dieser Daten erforderlich ist, um die Eignung des Beschäftigten für die vorgesehenen Tätigkeiten festzustellen. Welche Daten das im Einzelfall sein können, richtet sich nach objektiven beruflichen Kriterien und den vom Arbeitgeber festgelegten Anforderungsprofilen. In § 32 Abs. 6 ist schließlich ausdrücklich die Nutzung Sozialer Netzwerke geregelt. Klargestellt wird in Satz 1 zunächst, dass Beschäftigtendaten grundsätzlich bei dem Bewerber selbst zu erheben sind. Allerdings ist der potenzielle Arbeitgeber befugt, allgemein zugängliche Daten ohne Mitwirkung des Bewerbers zu erheben, wenn nicht schützenswerte Interessen des Bewerbers entgegenstehen. Bei Daten aus Sozialen Netzwerken soll das schutzwürdige Interesse des Bewerbers überwiegen, soweit es sich nicht um Soziale Netzwerke handelt, die der Darstellung der beruflichen Qualifikation dienen. Im Grunde bedeutet das: XING und LinkedIn erlaubt, Facebook verboten. Ob diese Abgrenzung jedoch auch in Zukunft so getroffen werden kann, bleibt fraglich. Die Grenzziehung zwischen beruflich orientierten Netzwerken und rein privat-orientierten Netzwerken dürfte verschwimmen. Der *Bundesverband Informationswirtschaft, Telekommunikation und neue Medien e.V.* (BITKOM) ist der Auffassung, dass die Begrifflichkeiten heute schon überholt sind und die Abgrenzungskriterien in Zukunft erheblich zunehmen werden. Daher wäre es sinnvoller, auf die allgemeine Zugänglichkeit abzustellen.

Teil 8 Arbeitsrecht und Social Media Kapitel 26

▶ **Achtung**

Der neue Gesetzentwurf begründet eine Informationspflicht des Arbeitgebers. Er muss dem Bewerber vor Erhebung von personenbezogenen Daten aus allgemeinen zugänglichen Quellen (dazu zählen auch Soziale Netzwerke) über die Recherche unterrichten.

Es reicht nicht aus, den Bewerber in einem Gespräch damit zu konfrontieren, dass man Informationen aus Sozialen Netzwerken erhoben hat. Der Arbeitgeber muss dem Bewerber vor Erhebung von personenbezogenen Daten aus allgemeinen zugänglichen Quellen über die Recherche unterrichten. Das kann z.B. durch einen Hinweis in der Stellenausschreibung geschehen:

»Wir weisen darauf hin, dass wir Im Rahmen des Bewerbungsverfahrens in datenschutzrechtlich zulässigem Rahmen zusätzliche personenbezogene Daten aus allgemein zugänglichen Quellen erheben werden.«

Bei elektronischer Speicherung der Daten oder Speicherung in Papierform hat der Arbeitgeber den Bewerber gem. § 33 BDSG-GE zu benachrichtigen. Eine heimliche Recherche, ohne den Bewerber in Kenntnis zu setzen, ist rechtlich nicht zulässig.

Natürlich ist tatsächlich eine heimliche Recherche möglich, so mancher Bewerber wird sicher auch in Zukunft durchleuchtet werden, ohne dass er etwas davon erfährt und ohne dass er zu belastendem Material in Netzwerken Stellung nehmen kann. Nichtsdestotrotz ist die Regelung in § 32 Abs. 6 BDSG-GE nicht sinnlos, denn sie gibt den Arbeitgebern eine Grundlage zur Hand, welche Daten erhoben werden dürfen und welche nicht. In jedem Fall wird die Erhebung besonders sensibler Daten unzulässig sein. Praktisch spielt das jedoch keine große Rolle, da der Nutzer besonders sensible Daten in der Regel nicht ins Internet stellen muss (bei besonders sensiblen Daten handelt es sich z.B. um solche bezüglich der Gesundheit, der Vermögensverhältnisse, der Vorstrafen und der sexuellen Orientierung).

Interessante Daten können sich aber dann ergeben, wenn es um Diskussionen in einem Netzwerk geht. Aus solchen Diskussionen kann man häufig auf eine bestimmte politische Einstellung oder eine Gewerkschaftszugehörigkeit schließen. Auf solche Daten wird aber nicht zugegriffen werden dürfen, denn die Kenntnis solcher Umstände ist nicht erforderlich, um die Eignung des Bewerbers für die vorgesehene Tätigkeit festzustellen. Ausnahmen bilden selbstverständlich sogenannte Tendenzbetriebe.

III. Betriebsrat und Datenschutzbeauftragter

Will der Arbeitgeber eine Recherche über Bewerber in Sozialen Netzwerken durchführen, so hat er den betrieblichen Datenschutzbeauftragten nach § 4g Abs. 1 Nr. 1 BDSG vorab zu informieren. Darüber hinaus ist der Arbeitgeber gem. §§ 82 Abs. 2, 99 Abs. 2 Nr. 1 BetrVG in Betrieben mit mehr als 20 Arbeitnehmern verpflichtet, den Betriebsrat die Bewerbungsunterlagen zu überlassen, damit der Betriebsrat seine Aufgaben nach § 99 Abs. 2 Nr. 1 BetrVG durchführen kann. Das bedeutet, dass bei Datenerhebung in Sozialen Netzwerken dem Betriebsrat die Ergebnisse dieser Überprüfung ebenfalls zur Verfügung gestellt werden müssen.

Mitbestimmungsrechte nach § 87 Abs. 1 Nr. 6 BetrVG bestehen demgegenüber allerdings nicht.

Daneben mehren sich Stimmen, das Mitbestimmungsrecht des Betriebsrats nach § 94 Abs. 1 BetrVG auf die Erhebung von Bewerberdaten im Internet auszuweiten. Möglich sind natürlich bereits jetzt freiwillige Betriebsvereinbarungen nach § 88 BetrVG.

IV. Rechtsfolgen bei Verstößen

Recherchiert ein Unternehmen offenkundig Bewerberdaten in einem Sozialen Netzwerk, so kann bei einem Verstoß gegen die AGB ein Unterlassungsanspruch des Netzwerkbetreibers gegeben sein. Faktisch kann das auch zu einem Schadensersatzanspruch führen, z.B. wenn Nutzer aufgrund solcher Recherchen aus dem Netzwerk austreten und Werbeeinnahmen einbrechen.

Der Bewerber selbst kann grundsätzlich Schadensersatzansprüche gem. §§ 282 Abs. 1, 311 Abs. 2 BGB geltend machen. Allerdings muss er nachweisen, dass ihm ein Schaden entstanden ist.

Er muss darlegen und beweisen, dass er eingestellt worden wäre, wenn der Arbeitgeber die Daten nicht erhoben hätte. Das ist ein schwieriges Unterfangen.

Schon eher ergibt sich eine Haftungsgefahr, wenn der Arbeitgeber Daten nutzt, die sich auf ein Merkmal nach § 1 des Allgemeinen Gleichbehandlungsgesetzes (AGG) beziehen. Hier gibt es Beweiserleichterungen für den Bewerber. Der Arbeitgeber muss bei Verstößen gegen das AGG den Bewerber zwar nicht einstellen, ihm jedoch eine Entschädigung wegen der Nichteinstellung zahlen, die in der Regel drei Monatsgehälter betragen wird.

Möglich ist auch die Verwirkung von Bußgeldern und Straftaten gem. §§ 43, 44 BDSG. Faktisch spielen solche Tatbestände allerdings im Augenblick keine Relevanz.

Teil 8 Arbeitsrecht und Social Media   Kapitel 27

Kapitel 27   Social Media: Private und geschäftliche Nutzung am Arbeitsplatz

I. Einführung: Probleme der Nutzung

Nach einer Studie eines amerikanischen Marktforschungsunternehmens entfallen fast 60 % aller Arbeitsunterbrechungen auf Ablenkungen elektronischer Art. Daraus resultieren erhebliche Produktivitätseinbußen. 9 % der Arbeitsunterbrechungen entfallen auf Facebook.

II. Die Regelung der Nutzung durch das Direktionsrecht des Arbeitgebers

Die betriebliche Realität sieht so aus, dass der Großteil der Beschäftigten am Arbeitsplatz einen Internetzugang besitzt, über den auf Soziale Netzwerke zugegriffen werden kann. Wie kann der Arbeitgeber damit umgehen? Kann und soll er die Nutzung von Sozialen Netzwerken untersagen oder soll er sie für zulässig erklären?

Gesetzliche Vorgaben für den Umgang mit betrieblichen Internetzugängen, E-Mail-Systemen und Sozialen Netzwerken durch Arbeitnehmer existieren nicht.

Der Arbeitgeber kann Inhalt, Ort und Zeit der Arbeitsleistung einseitig regeln, solange er dabei alle gesetzlichen, kollektiven und individualvertraglichen Beschränkungen beachtet, § 106 GewO. Der Arbeitgeber ist lediglich im Rahmen des billigen Ermessens gehalten, bei der Ausübung des Ermessens auf etwaige Benachteiligungen des Arbeitnehmers Rücksicht zu nehmen. Billiges Ermessen bedeutet, dass die Weisung üblich, sachlich gerechtfertigt und nicht willkürlich ist. Auf dieser Grundlage ist es zulässig, dass der Arbeitgeber die Nutzung von Sozialen Netzwerken insgesamt untersagt. Diverse Unternehmen haben von der Untersagung der Nutzung Gebrauch gemacht: Für einen großen Teil der Mitarbeiter der *Commerzbank* sind viele Social Media-Angebote aus Sicherheitsgründen am Arbeitsplatz nicht zugänglich. Gleiches gilt für *Heidelbergzement*, dort werden Facebook und Twitter blockiert. *Porsche* hat die Nutzung von Facebook aus Angst vor Wirtschaftsspionage verboten. Früher sei die E-Mail das beliebteste Einfallstor für schädliche Software im Unternehmen gewesen, heute seien es Soziale Netzwerke.[1]

---

1   Süddeutsche Zeitung vom 24.10.2010.

Im Rahmen seines Direktionsrechts ist der Arbeitgeber befugt, den Zugang zu Teilbereichen des Internets wie Sozialen Netzwerken zu regeln, also zu untersagen oder zu beschränken. Das muss dann allerdings ausdrücklich erfolgen.

Auf Soziale Netzwerke finden auch und gerade die Grundsätze Anwendung, die bezüglich der E-Mail-Kommunikation im Unternehmen gelten. Denn anders als bei der bloßen Internetnutzung werden in Sozialen Netzwerken interaktive Tätigkeiten vorgenommen. Im Gegensatz zum Versand von dienstlichen E-Mails ist es für den Arbeitgeber schwieriger, die Kommunikation auf einem Sozialen Netzwerk zu überwachen. Äußerst fraglich ist, ob der Arbeitgeber den Inhalt rein dienstlicher Kommunikation überwachen darf. In Bezug auf E-Mails wird vertreten, dass die E-Mail als Geschäftsbrief der jederzeitigen Überprüfbarkeit des Geschäftsherren unterliegen. Das dürfte zutreffend sein, da eine dienstliche E-Mail mittlerweile als Handelsbrief i.S.d. § 257 HGB gilt. Wie ist es aber in Bezug auf Nachrichten innerhalb sozialer Netzwerke? Einerseits erfolgt eine Nachricht via Soziales Netzwerk wie die E-Mail in Textform und steht als Teil der Unternehmenskommunikation dem Unternehmen zu. Auf der anderen Seite ist es so, dass der Austausch in Sozialen Netzwerken weniger formal erfolgt und z.B. bei der Teilnahme an Diskussionsforen nicht deutlich zu trennen ist, ob der Beschäftigte im Namen des Unternehmens spricht oder seine eigene Meinung kund tut. Geht es um unternehmensferne Themen, so dürfte der Beschäftigte als Privatperson handeln, geht es um Produkte des Unternehmens, so spricht viel für ein Auftreten im Namen des Arbeitgebers. Allerdings muss das nicht in jedem Fall so sein. Eindeutig im Namen des Unternehmens handelt der Beschäftigte nur dann, wenn er im Rahmen seiner Tätigkeit mit Kunden des Unternehmens zu projektbezogenen Umständen korrespondiert.

III. Private Nutzung

Eine dienstliche Nutzung liegt vor, wenn die Nutzung im Schwerpunkt oder zum überwiegenden Teil im Zusammenhang mit der vertraglichen Tätigkeit bzw. den Aufgaben des Mitarbeiters steht.

Der Arbeitnehmer hat grundsätzlich keinen Anspruch auf die private Nutzung des Internets und damit auch nicht auf die Nutzung von Sozialen Netzwerken. Der Arbeitgeber ist also befugt, allein die dienstliche Nutzung zuzulassen.

Die Erlaubnis zur privaten Nutzung von Sozialen Netzwerken kann der Arbeitgeber auf verschiedenen Wegen erteilen. Möglich ist einmal die ausdrückliche Erteilung durch Betriebsvereinbarung, Dienstanweisungen, einzelvertragliche Vereinbarungen, Gesamtzusage oder durch konkludente Regelungen.

Zudem kann sich die Zulässigkeit der Nutzung aus betrieblicher Übung ergeben. Unter einer betrieblichen Übung wird die regelmäßige Wiederholung bestimmter Verhaltensweisen des Arbeitgebers verstanden, aus denen die Arbeitnehmer schließen können, ihnen solle eine Leistung oder Vergünstigung auf Dauer gewährt werden. Die bislang herrschende Meinung geht davon aus, dass eine betriebliche Übung durch bloßes passives Verhalten des Arbeitgebers im Regelfall nicht entstehen kann.

Wird die Privatnutzung im Arbeitsvertrag gestattet, kann eine Untersagung nachträglich nur erfolgen, wenn ein Freiwilligkeits- oder Widerrufsvorbehalt aufgenommen wurde. Wird die private Nutzung über eine Betriebsvereinbarung geregelt, so kann diese Vereinbarung zwar in der Regel gekündigt werden. Allerdings gelten Betriebsvereinbarungen gemäß § 77 Abs. 6 BetrVG nach; das bedeutet, dass im Falle einer Kündigung die alte Vereinbarung fort gilt, bis sie durch eine andere Abmachung ersetzt wird.

IV. Mitbestimmungsrechte des Betriebsrats/Beteiligung des Datenschutzbeauftragten

Dem Betriebsrat kommt bei der Einführung von Internet und E-Mail-Nutzung ein Mitbestimmungsrecht nach § 87 Abs. 1 Nr. 6 BetrVG zu. Soziale Netzwerke werden über und durch das Internet genutzt, da an das Merkmal der nach § 87 Abs. 1 Nr. 6 BetrVG genannten »technischen Einrichtung« keine hohen Anforderungen zu stellen sind, ist von einem Mitbestimmungsrecht des Betriebsrats auszugehen. Mitbestimmungsfrei ist die Entscheidung des Arbeitgebers über das generelle Verbot der Privatnutzung. Nur wenn es um die Frage geht, in welcher Weise die Privatnutzung von Internet und E-Mail geschehen soll, besteht ein Mitbestimmungsrecht nach § 87 Abs. 1 Nr. 1 BetrVG. Bei der Nutzung von Sozialen Netzwerken kommt also ein Mitbestimmungsrecht in Betracht.

Die Ausübung der Mitbestimmung erfolgt in der Regel durch Abschluss einer Betriebsvereinbarung. Wird der Betriebsrat nicht beteiligt, so kann er einen Unterlassungsanspruch geltend machen.

Der Datenschutzbeauftragte hat auf die Einhaltung des BDSG sowie anderer datenschutzrechtlicher Vorschriften hinzuwirken.

Kapitel 28 Kontrolle von Beschäftigten und Datenschutz

I. Vorgaben des Datenschutzes

1. Aktuelle Gesetzeslage

§ 32 BDSG erlaubt die Nutzung personenbezogener Daten des Arbeitnehmers, wenn das für die Durchführung oder Beendigung des Arbeitsverhältnisses erforderlich ist. Auch hier gibt es wenig Aussagen zu der Berechtigung der Datennutzung.

2. Neue Regelungen – Der Gesetzentwurf

Der neue § 32c BDSG-GE regelt die Datenerhebung *im* Beschäftigungsverhältnis. Danach dürfen Beschäftigtendaten nur erhoben werden, wenn dies für die Durchführung, Beendigung oder Abwicklung des Beschäftigungsverhältnisses erforderlich ist. Insofern ergibt sich nichts Neues zur aktuellen Gesetzeslage.

Allerdings folgen dann spezielle Regelbeispiele: Für die Nutzung von Sozialen Netzwerken spielt § 32c Abs. 1 Nr. 3 BDSG-GE eine erhebliche Rolle. Danach ist die Kenntnis von Daten für den Arbeitgeber erforderlich, wenn er die gegenüber dem Beschäftigten bestehenden Rechte des Arbeitgebers einschließlich der Leistungs- und Verhaltenskontrolle wahrnehmen will. Wir befinden uns wieder beim Weisungsrecht des Arbeitgebers: Da es dem Arbeitgeber im Rahmen seines Direktionsrechts erlaubt ist, die private Nutzung des Internets am Arbeitsplatz vollständig zu untersagen, darf er die Einhaltung dieses Verbots prüfen. Das gleiche gilt für Soziale Netzwerke: Hat er die private Nutzung untersagt, darf er auch hier prüfen, ob das Verbot eingehalten wird.

Allerdings besteht kein allumfassendes, unbegrenztes Recht der Prüfung: Eine dauerhafte Überwachung des Arbeitnehmers bezüglich der Nutzung Sozialer Netzwerke ist nicht zulässig. Die ständige Überwachung des Arbeitnehmers würde in solchen Fällen einen schwerwiegenden Eingriff in das Persönlichkeitsrecht des Arbeitnehmers darstellen. Lediglich eine stichprobenartige Prüfung, ob das Verbot der Nutzung sozialer Netzwerke eingehalten wird, darf der Arbeitgeber durchführen. Zudem kann eine Überprüfung erfolgen, wenn die Gefahr einer rechtwidrigen Nutzung der Sozialen Netzwerke besteht. Nach § 32d Abs. 3 BDSG-GE darf der Arbeitgeber zur Aufdeckung von Straftaten oder anderen schwerwiegenden Pflichtverletzungen durch Beschäftigte im Beschäftigungsverhältnis, insbesondere zur Aufdeckung von Straftaten nach den §§ 266, 299, 331, 334 StGB einen automatisierten Abgleich von Beschäftigtendaten in anonymisierter bzw. pseudonymisierter Form durchführen. Ergibt sich ein Verdachtsfall, dürfen die Daten personalisiert werden.

Nach § 32e BDSG-GE darf der Arbeitgeber Beschäftigtendaten ohne Kenntnis des Beschäftigten nur erheben, wenn Tatsachen den Verdacht begründen, dass der Beschäftigte im Beschäftigungsverhältnis eine Straftat oder eine schwerwiegende Pflichtverletzung begangen hat, die dem Arbeitgeber bei einem Arbeitnehmer zur einer Kündigung aus wichtigem Grund berechtigen würden und die Erhebung erforderlich ist, um die Straftat oder die andere schwerwiegende Pflichtverletzung aufzudecken oder um im Zusammenhang stehende Straftaten bzw. schwerwiegende Pflichtverletzungen des Beschäftigten zu verhindern. Der Arbeitgeber muss in jedem Fall sehr gute Gründe haben, denn unter Umständen kann er sich nach § 202a StGB des Ausspähens von Daten strafbar machen.

II. Mitbestimmungsrechte des Betriebsrats

Ein Mitbestimmungsrecht des Betriebsrats besteht gem. § 87 Abs. 1 Nr. BetrVG. Die Vorschrift gewährt ein Mitbestimmungsrecht bei Fragen der Ordnung des Betriebes und des Verhaltens der Arbeitnehmer. Gegenstand des Mitbestimmungsrechts ist das betriebliche Zusammenwirken und Zusammenleben der Arbeitnehmer. Regelungen zur privaten Nutzung des Internets werden als mitbestimmungspflichtig angesehen, geht es also um eine private Nutzung von Sozialen Netzwerken, gelten die gleichen Grundsätze.

III. Folgen rechtswidriger Überwachung

Bei schweren Verletzungen des Persönlichkeitsrechts können geschädigte Arbeitnehmer einen Anspruch auf eine immaterielle Entschädigung geltend machen, die neben einen materiellen Schadensersatzanspruch tritt. Ein materieller Schadensersatzanspruch wird in der Regel nicht vorliegen, sodass allein der immaterielle Entschädigungsanspruch Abhilfe bietet.

Ob eine schwerwiegende Verletzung des Persönlichkeitsrechts vorliegt, hängt von Art, Bedeutung und Tragweite des Eingriffs, Anlass und Beweggrund des Handelnden sowie dem Grad des Verschuldens ab, wobei zu berücksichtigen ist, in welche geschützten Bereiche eingegriffen wurde. Erforderlich ist eine Gesamtabwägung. Das bedeutet, dass bei unzulässiger Überwachung der privaten Nutzung von Sozialen Netzwerken erhebliche Summen anfallen können. Rechtsprechung hierzu existiert noch nicht, es erscheint jedoch eine Entschädigung von mehreren 1.000 € im Rahmen des Möglichen. Berücksichtigt man, dass solche Entschädigungsansprüche eventuell an eine Vielzahl von Arbeitnehmern auszuzahlen sind, kann eine beträchtliche Summe zusammenkommen.

IV. Beweisverwertungsverbote

Eine weitere Problematik bietet das Beweisverwertungsverbot: Unzulässig erhobene Daten aus einem Sozialen Netzwerk dürfen bei Gerichtsverfahren nicht verwertet werden. Stellt sich z.b. aufgrund eines Chats in einem Sozialen Netzwerk heraus, dass ein Arbeitnehmer Betriebsgeheimnisse verraten hat, so darf das Ergebnis nicht verwertet werden, wenn der Arbeitgeber den Chat ohne Kenntnis des Beschäftigten überwacht hat. Anders ist es lediglich, wenn der Arbeitgeber Mitbestimmungsrechte nicht beachtet hat und auf dieser Grundlage die Erhebung der Daten fehlerhaft war: In diesen Fällen darf er die Beweise verwerten.

Aus einer Pressemitteilung des Arbeitsgerichts Düsseldorf vom 25.8.2011:

»Ab zum Arzt und dann Koffer packen

Vor dem Arbeitsgericht Düsseldorf findet morgen der Gütetermin in dem Rechtsstreit über die außerordentliche Kündigung eines Ausbildungsverhältnisses zur Frisörin statt. Der Ausbilder begründet seine Kündigung damit, dass die Auszubildende ihre Arbeitsunfähigkeit vorgetäuscht habe. Sie habe auf ihrer Facebook-Seite den Satz: »Ab zum Arzt und dann Koffer packen« gepostet. Weiter habe sie sich laut Facebook-Einträgen während der angeblichen Arbeitsunfähigkeit tätowieren lassen und habe eine Diskothek besucht. Die Auszubildende beruft sich darauf, sie sei in Absprache mit ihrem Arzt auf Mallorca gewesen. Der Aufenthalt sei für den Heilungsverlauf positiv gewesen.«

Kapitel 29 Arbeitgeberbefugnisse bei der Onlinedarstellung der Beschäftigten

I. Präsenz in freizeitorientierten Netzwerken

Der Arbeitgeber darf den privaten Umgang des Beschäftigten in Bezug auf Soziale Netzwerke in keiner Weise regeln, da außerdienstliche Tätigkeiten des Arbeitnehmers nicht solche sind, die für die Durchführung des Arbeitsverhältnisses erforderlich sind. Aus dieser Tatsache folgt, dass Soziale Netzwerke, die vornehmlich der privaten Präsentation des Beschäftigten dienen, für den Arbeitgeber tabu sind.

II. Präsenz in berufsorientierten Netzwerken

Bei der Anordnung der dienstlichen Nutzung von Sozialen Netzwerken stellt sich die Frage, ob der Arbeitgeber befugt ist, dem Beschäftigten dienstliche Weisungen bezüglich der Nutzung eines Sozialen Netzwerkes zu erteilen. Fakt ist: Es darf sich nur um solche Weisungen handeln, die das Arbeitsverhältnis betreffen. Das BAG hat in einer frühen Entscheidung bereits niedergelegt, dass der Arbeitgeber hinsichtlich der persönlichen Verhältnisse des Beschäftigten nur frage- und auskunftsberechtigt sei, sofern und soweit im Hinblick auf die Tätigkeit ein berechtigtes, billigenswertes und schutzwürdiges Interesse des Arbeitgebers besteht. § 32c, § 32d BDSG-GE treffen auf dieser generellen Grundlage der Rechtsprechung spezielle Fallbeispiele.

Ist der Arbeitgeber befugt, die Präsentation eines Beschäftigten in einem beruflichen Sozialen Netzwerk, wie z.B. XING anzuordnen? Probleme bereiten sich hier, weil äußerst fraglich ist, ob die Präsenz in einem Sozialen Netzwerk für die Durchführung des Arbeitsverhältnisses erforderlich ist.

Mit einer Darstellung einem Sozialen Netzwerk gibt der Beschäftigte Daten nicht lediglich innerhalb seines Unternehmens preis, sondern auf einer grundsätzlich allgemeinen zugänglichen Plattform im Internet. Eine Veröffentlichung von Daten im Internet ist ohne Einwilligung der betroffenen Beschäftigten nur zulässig, wenn diese Daten zur Erfüllung der Arbeitspflicht erforderlich oder üblich sind. Zu beachten ist, dass durch die grenzüberschreitende Verfügbarkeit der Daten eine Übertragung in Länder ohne angemessenes Datenschutzniveau erfolgen kann. Einige Landesdatenschutzbehörden sehen solche Veröffentlichungen daher sehr kritisch.

Das Bundesverwaltungsgericht sieht es als zulässig an, Namen, Funktionen und dienstliche Erreichbarkeit solcher Beamter, die mit Außenkontakten betraut sind, ohne deren Einverständnis im Internet bekannt zu geben, wenn keine Sicherheitsbedenken dagegen sprechen.[2] Dabei ist zu berücksichtigen, dass es sich

---
2 BVerwG, RDV 2009, 30.

in diesen Fällen um die Website der Behörde handelt; das ist etwas anderes als die Präsentation in einem Sozialen Netzwerk. Eine Anordnung des Arbeitgebers zur Öffnung eines Accounts wird nur in seltenen Fällen in Betracht kommen; das ist je nach Branche und Tätigkeit unterschiedlich: so könnte die Anordnung gegenüber einem Vertriebler im IT-Bereich zulässig sein.

Die Veröffentlichung von Bildern eines Beschäftigten im Internet setzt nach § 22 Kunsturhebergesetz (KUG) eine Einwilligung des Betroffenen voraus. Auf dieser Grundlage kann ein Arbeitgeber heute in jedem Fall nur ein lückenhaftes Profil in einem Sozialen Netzwerk im Rahmen seines Direktionsrechts anordnen.

Auch die neuen Regelungen zum Beschäftigtendatenschutz schaffen in diesem Zusammenhang keine Klarheit, Beschäftigtendaten dürfen im Rahmen des § 32d BDSG-GE nur verarbeitet und genutzt werden, wenn das für die Durchführung des Beschäftigungsverhältnisses erforderlich und verhältnismäßig ist. Im Ergebnis ist es so, dass eine Präsentation in Sozialen Netzwerken für Beschäftigte mit Kundenberührung in der Regel zulässig ist. Zumindest für Bildveröffentlichungen wird der Arbeitgeber jedoch eine Einwilligung des Beschäftigten einholen müssen. Zu berücksichtigen ist außerdem, dass die Nutzung von Plattformen wie XING oder LinkedIn auf eine Registrierung durch natürliche Personen ausgerichtet ist, d.h. der Beschäftigte kreiert seine Präsentation im Sozialen Netzwerk selbst. Insgesamt sind die Meinungen nicht einheitlich, in der Literatur wird auch davon ausgegangen, dass eine Verpflichtung der Arbeitnehmer zur Nutzung Sozialer Netzwerke überhaupt nicht möglich ist. Liegen Sicherheitsinteressen des Beschäftigten vor, so wird eine Anordnung in keinem Fall möglich sein.

Kapitel 30 Freie Meinungsäußerung und Loyalitätspflichten gegenüber dem Arbeitgeber

I. Einführung

Die Präsentation und Interaktion von Beschäftigten in Sozialen Netzwerken birgt für ein Unternehmen Chance aber auch Risiken. Es besteht die Möglichkeit der Rufschädigung oder der Beschädigung der Marke des Unternehmens, namentlich durch kritische Äußerungen von Beschäftigten über den Arbeitgeber. Darf sich ein Arbeitnehmer unternehmenskritisch äußern oder muss er sich zurückhalten?

II. Meinungsäußerungsfreiheit und Loyalitätspflicht

Im Rahmen eines Beschäftigungsverhältnisses bestehen gewisse Loyalitätspflichten zwischen den Parteien. Es gilt das Gebot der gegenseitigen Rücksichtnahme. Wenn kritische Meinungsäußerungen eines Beschäftigten über den Arbeitgeber vom Grundrecht der freien Meinungsäußerung gedeckt sind, verletzen Sie auch keine arbeitsvertraglichen Rücksichtnahmepflichten. Allerdings ergibt sich aus der Loyalitätspflicht des Beschäftigten, dass er alle Äußerungen zu unterlassen hat, die die berechtigten Interessen des Unternehmens berühren und dem Unternehmen Schaden zufügen können. In diesem Zusammenhang sind dem Beschäftigten aber nur solche Äußerungen verwehrt, mit denen er sich in Widerspruch zu seinen Pflichten aus dem Arbeitsverhältnis setzt. In jedem Fall ist dem Beschäftigten untersagt, kritische Äußerungen über Arbeitgeber und Führungskräfte zu tätigen, wenn es sich um bewusst unwahre Tatsachenbehauptungen handelt oder die Äußerungen ehrverletzenden Charakter besitzen. In solchen Fällen ist eine außerordentliche Kündigung in Erwägung zu ziehen.

Allgemein gilt der Grundsatz, dass die Rücksichtnahmepflichten des Arbeitnehmers umso größer sind, je höher seine Stellung im Unternehmen ist. Allerdings: Äußerungen eines Arbeitnehmers, die dieser in seiner Freizeit in einem Sozialen Netzwerk tätigt, können nur von Belang sein, wenn sie einen Unternehmensbezug aufweisen.

III. Rechtsschutzmöglichkeiten des Arbeitgebers

Liegt nach Auffassung des Arbeitgebers ein Verstoß gegen Loyalitätspflichten vor, so stehen ihm die typischen arbeitsrechtlichen Sanktionsmöglichkeiten zur Verfügung, von der Ermahnung über die Abmahnung zur gegebenenfalls frist-

Kapitel 30   Freie Meinungsäußerung und Loyalitätspflichten

losen Kündigung. Das Vorgehen sollte jedoch gut abgewogen werden. Der Meinungsäußerungsfreiheit kommt ein hoher Stellenwert zu, und nicht jede unbequeme Äußerung eines Arbeitnehmers kann sanktioniert werden.

Ein vielfach diskutierter Fall in der Abwägung freie Meinungsäußerung/Rücksichtnahmepflicht war die Causa Sarrazin im Rahmen seiner Tätigkeit bei der Bundesbank. Thilo Sarrazin hatte das Buch »Deutschland schafft sich ab« veröffentlicht, geschrieben in seiner Freizeit. Die Bundesbank vertrat die Auffassung, dass er damit gegen seine Rücksichtnahmepflichten verstoßen hätte und zudem den Betriebsfrieden gestört hatte. Zu einem Verfahren kam es in der Sache nicht mehr, da die Parteien sich einigten. Ein Gericht hätte wohl zugunsten Thilo Sarrazin entschieden, da der Meinungsäußerungsfreiheit ein besonders hoher Stellenwert zukommt und die Rücksichtnahmepflichten dem gegenüber zurücktreten.

Das Bundesarbeitsgericht hat die Äußerung eines Beschäftigten, dass die betrieblichen Verhältnisse und Vorgehensweisen des Arbeitgebers mit dem nationalsozialistischen Terrorsystem bzw. mit den in Konzentrationslagern begangenen Verbrechen zu vergleichen sei, als an sich geeignet gesehen, einen wichtigen Grund für eine Kündigung i.S.v. § 626 Abs. 1 BGB zu bilden.[3]

Vor Ausspruch einer Kündigung sind grundsätzlich mildere Maßnahmen zu ergreifen. Mildere Maßnahmen können z.B. eine Abmahnung sein, aber auch der Entzug bestimmter Befugnisse. Das LAG Hessen hat entschieden, dass der Entzug einer Schreibberechtigung für ein CrewPortal nicht offensichtlich unzulässig sei, wenn Verstöße gegen Regeln der betriebsinternen formulierten Netiquette festgestellt wurden.[4]

Das LAG Berlin-Brandenburg hebt hervor, dass bei kritischen Äußerungen eines Beschäftigten über seinen Arbeitgeber, die er in einem Internetforum getätigt hat, zu berücksichtigen sei, dass diese weltweit abrufbar seien. Solche Äußerungen könnten daher ein Gewicht erlangen, das bei einer betriebsinternen Äußerung nie erreicht worden wäre. Daraus ergibt sich, dass die Rücksichtnahmepflicht des Beschäftigten bei unternehmenskritischen Äußerungen in einem Sozialen Netzwerk besonders ausgeprägt ist. Dabei kommt es nicht allein darauf an, wie viele Personen auf die kritischen Inhalte Zugriff haben, sondern auch darauf, welche Personen das sind. Ebenso ist die äußere Form der Meinungsäußerung zu berücksichtigen.[5] Verbreitet der Arbeitnehmer in einem Sozialen Netzwerk, das zur Darstellung der beruflichen Qualifikation bestimmt ist oder über ein dienstliches Benutzerkonto, dass einen Auftritt im Namen des Unternehmens suggeriert, eine private Meinungsäußerung, ohne diese als solche zu kennzeichnen, so kann dies den Anschein einer offiziellen Stellungnahme erwecken.

---

3 BAG, NZA 2006, 650.
4 LAG Hessen, MMR 2008, 599.
5 LAG Berlin-Brandenburg, Urt. v. 18.8.2008 – 10 TaBV 885/08, BeckRS 2009, 55187.

Teil 8 Arbeitsrecht und Social Media	Kapitel 31

▶ **Fallbeispiel: Daimler und Facebook**

Lästereien über den Arbeitgeber bei Facebook oder die Beteiligung daran können gefährlich sein. Einige Arbeitnehmer bei Daimler mussten das nun am eigenen Leib erfahren. Sie hatten mit dem »Gefällt mir«-Button ihre Zustimmung zu einem Artikel der Gruppe »Daimler-Kollegen gegen Stuttgart 21« ausgedrückt, in dem unter anderem der Konzernchef Zetsche als »Lügenpack« bezeichnet wurde.

Im Rahmen eines Personalgesprächs wurde den Mitarbeitern erläutert, dass Verhaltensrichtlinien im Unternehmen bestünden und die Beschimpfung von Kollegen und Vorgesetzten nicht in Ordnung sei.

Kapitel 31 Verletzung von Betriebs- und Geschäftsgeheimnissen

I. Verschwiegenheitspflicht des Arbeitnehmers

Soziale Netzwerke sind ein Einfallstor für die Verletzung von Geschäfts- und Betriebsgeheimnissen. Unbedachte Äußerungen von Arbeitnehmern können bereits einen Bruch der arbeitsvertraglich vereinbarten Verschwiegenheitspflicht bedeuten. Der Arbeitnehmer ist auch ohne konkrete Klausel im Arbeitsvertrag zur Verschwiegenheit verpflichtet und hat Betriebs- und Geschäftsgeheimnisse zu wahren.

Betriebs- und Geschäftsgeheimnisse sind alle Tatsachen, die im Zusammenhang mit dem Geschäftsbetrieb stehen, nur einem engen begrenzten Personenkreis bekannt, nicht offenkundig sind und die nach dem Willen des Arbeitgebers im Rahmen seines berechtigten wirtschaftlichen Interesses geheim gehalten werden sollen. Hinzukommt, dass der Arbeitnehmer Verschwiegenheit über ihm dienstlich bekannt gewordene Tatsachen zu wahren hat, die die Person des Arbeitgebers oder eines anderen Arbeitnehmers im besonderen Maße berühren.

II. Beweisermittlung versus Beschäftigtendatenschutz

Bei der Beweisermittlung sind die Grundsätze des § 32e BDSG-GE zu beachten. Dort ist niedergelegt, dass der Arbeitgeber Beschäftigtendaten nur mit Kenntnis des Arbeitnehmers erheben darf. Besteht der Verdacht des Geheimnisverrats über ein soziales Netzwerk, so wäre es natürlich kontraproduktiv, den Arbeitnehmer vorher darüber zu informieren, dass man Inhalte aus dem Netzwerk einsehen wird. Der Arbeitnehmer wäre gewarnt und hätte Zeit, Spuren zu verwischen. § 32e BDSG-GE sieht daher vor, dass Daten auch ohne Kenntnis des Beschäftigten erhoben werden dürfen, wenn der begründete Verdacht einer Straftat oder anderen schweren Pflichtverletzung vorliegt und die Erhebung erforderlich ist, um diese Tat aufzudecken bzw. weitere Taten zu verhindern.

III. Strafrechtliche Sanktionierung

Für den Verrat von Betriebs- und Geschäftsgeheimnissen gibt es erhebliche Sanktionen. In § 17 UWG ist eine strafrechtliche Sanktion festgelegt. Die Voraussetzung des § 17 UWG können schon bei vermeintlich geringen Verstößen erfüllt sein. Werden Telefondurchwahlnummern, die bewusst nur einem beschränkten Personenkreis bekannt gegeben wurde, einem Headhunter mitgeteilt, kann das den Tatbestand des § 17 UWG erfüllen.

Teil 8 Arbeitsrecht und Social Media — Kapitel 32

Werden Inhalte in Sozialen Netzwerken veröffentlicht, die als Betriebs- und Geschäftsgeheimnis qualifiziert werden, so kann bei Vorliegen der weiteren Voraussetzungen die Strafvorschrift des § 17 UWG erfüllt sein. Dem steht nicht entgegen, wenn die Inhalte bereits anderswo in einem Sozialen Netzwerk oder im Internet veröffentlicht wurden, sofern sich diese Information nur mit einem erhöhten Maß an Aufwand im Internet finden lassen. Im Übrigen ist es für den betrieblichen Geheimnisschutz unerheblich, auf welchem Wege und über welches Medium schützenswerte Tatsachen an Dritte weitergegeben werden. Besteht ein Verdacht des Geheimnisverrats, so müsste allerdings ein Zugriff auf die Beschäftigtendaten im Netzwerk den Anforderungen des §§ 32d oder 32e BDSG-GE genügen. Hinzu kommen Sanktionen nach dem Bundesdatenschutzgesetz, soweit es sich um personenbezogene Daten handelt (§§ 43, 44 BDSG).

Kapitel 32 Herausgabe von Zugangsdaten und Kundendaten bei Beendigung des Arbeitsverhältnisses

Viele Beschäftigte verwalten über ihre beruflichen Netzwerke Geschäftskontakte und Kundenverbindungen. Während des laufenden Arbeitsverhältnisses ist das in der Regel kein Problem. Was aber wird aus den Daten bei Beendigung des Arbeitsverhältnisses? Wem stehen die Rechte am Benutzerkonto des Sozialen Netzwerks bzw. an den entsprechenden Daten zu? Infrage steht, ob der Arbeitnehmer bei Ausscheiden aus dem Unternehmen seine Zugangsdaten zum Benutzerkonto preisgeben muss und es an den Arbeitnehmer abtreten muss bzw. ob er an den Arbeitgeber bestimmte Kundendaten herauszugeben hat.

Der Arbeitnehmer hat nach Beendigung des Arbeitsverhältnisses die ihm zur Verfügung gestellten Arbeitsmittel an den Arbeitgeber herauszugeben. Die Herausgabe eines Benutzerkontos geschieht durch Mitteilung der Zugangsdaten an den Arbeitgeber. Voraussetzung für eine solche Herausgabe ist in jedem Fall, dass der Arbeitgeber die Kosten der Mitgliedschaft getragen oder das Benutzerkonto sonst wie zur Verfügung gestellt hat. Allein der Aufbau eines Benutzerkontos durch den Arbeitnehmer mit Wissen und Wollen des Arbeitgebers gewährt dem Arbeitgeber keine Herausgaberechte.

Ist der Arbeitnehmer verpflichtet, die Zugangsdaten herauszugeben, so steht ihm in jedem Fall das Recht zu, personenbezogene Daten privater Natur für Übergabe zu löschen. Das gilt auch für den Fall, dass nur eine rein dienstliche Nutzung durch den Arbeitgeber zugelassen war. Beim Umgang mit Kunden ist gelegentlich ein privater Bezug nicht ausgeschlossen, so dass auch bei rein dienstlicher Nutzung Inhalte ausgetauscht werden können, an denen der Arbeitgeber kein wirtschaftliches Interesse besitzt und deren Kenntnis durch den Arbeitgeber einen unzulässigen Eingriff in das Persönlichkeitsrecht des Beschäftigten darstellen würde.

Auch wenn der Arbeitgeber keinen Anspruch auf Herausgabe der Zugangsdaten besitzt, kann es dennoch sein, dass der Beschäftigte ihm bei Ausscheiden aus dem Unternehmen bestimmte Dateninhalte des Benutzerkontos zur Verfügung stellen muss. Der Arbeitnehmer hat solche Daten an den Arbeitgeber herauszugeben, die dieser benötigt, um die vom Beschäftigten getätigten Geschäfte weiterzuführen, namentlich Kundendateien. Daneben ist auch geschäftliche Korrespondenz herauszugeben, soweit sie von wirtschaftlichem Belangen für den Arbeitgeber ist. Dabei ist darauf zu achten, dass nicht nur aktuelle Korrespondenz diese Anforderungen erfüllt, sondern auch ältere Dokumente ggf. aus gesetzlichen Gründen benötigt werden.

Kapitel 33 Social Media-Richtlinien

Die bisherigen Ausführungen haben ergeben, dass das Arbeitsrecht durchaus Möglichkeiten bietet, Sachverhalte aus dem Bereich der Sozialen Netzwerke rechtlich zu bewerten und falls notwendig zu sanktionieren. Der Rechtsprechung ist es auch immer wieder gelungen, Sachverhalte der neuen Medien mit dem zur Verfügung stehenden gesetzlichen Instrumentarium zu bewältigen. Hinzu kommt, dass auch Gesetze modernisiert und den aktuellen Bedürfnissen angepasst werden, wie der Entwurf zum neuen Beschäftigtendatenschutzgesetz beweist. Dennoch ist es von Vorteil, im Unternehmen selbst Richtlinien aufzustellen, unter denen Soziale Netzwerke genutzt werden können. Viele Mitarbeiter wissen nicht, wie sie sich in Sozialen Netzwerken bewegen können, ohne die Unternehmensinteressen zu gefährden. Eine Richtlinie kann in diesem Zusammenhang Handlungsanweisungen geben und zur Beruhigung der Mitarbeiter beitragen und zudem dafür sorgen, dass Verstöße erst gar nicht passieren.

Welche Inhalte sollte es in solchen Richtlinien geben? Zunächst einmal sollte niedergelegt werden, ob die Nutzung sozialer Netzwerke während der Arbeitszeit zulässig ist und ob die Nutzung nur zu Geschäftszwecken erfolgen darf oder ob eine Privatnutzung erlaubt ist. Ferner sollten Hinweise auf die Pflichten aus dem Arbeitsvertrag erfolgen: Die Einhaltung der Verschwiegenheitspflicht und der Loyalitätspflicht im Hinblick auf Äußerung über das Unternehmen in Sozialen Netzwerken. Ein ausdrücklicher Hinweis auf die Beachtung einschlägiger gesetzlicher Regelungen des Wettbewerbs-, Urheber-, Marken- und Persönlichkeitsrecht sollte nicht fehlen. Es bietet sich auch an, die persönliche Verantwortlichkeit der Arbeitnehmer für eigene Beiträge festzuhalten. Schließlich wären Rechtsfragen bezüglich des Benutzerkontos bei Beendigung des Beschäftigungsverhältnisses niederzulegen.

Der Betriebsrat hat ein Mitbestimmungsrecht bei der Einführung gem. § 87 Abs. 1 Nr. 1 BetrVG. Mitbestimmungspflichtig sind demnach verbindliche Verhaltensvorschriften für die Beschäftigten des Unternehmens. Ein Mitbestimmungsrecht nach dieser Vorschrift besteht, wenn die Privatnutzung von Sozialen Netzwerken eingeräumt wird. Ferner kann ein Mitbestimmungsrecht nach § 87 Abs. 1 Nr. 6 BetrVG betreffend die Einführung und Anwendung von technischen Einrichtungen, dazu bestimmt sind, das Verhalten der Arbeitnehmer zu überwachen. Hier stellt sich jedoch die Frage, ob Soziale Netzwerke diese Voraussetzungen erfüllen.

Kapitel 34 Anhang

Muster einer Social Media-Richtlinie, eingefasst in eine Betriebsvereinbarung

zwischen

Unternehmen

und

Betriebsrat des Unternehmens

wird nachfolgende Betriebsvereinbarung Nr. xx/2011 über die Nutzung von Social Media/Sozialen Netzwerken vereinbart.

§ 1 Geltungsbereich

Diese Betriebsvereinbarung gilt für alle Beschäftigten des Unternehmens, die elektronische Kommunikationssysteme nutzen und Zugriff auf Social Media Anwendungen besitzen.

§ 2 Informationspflichten

Die Beschäftigten sind über den Inhalt der vorliegenden Betriebsvereinbarung in Kenntnis zu setzen. Die Kenntnisnahme wird von den Beschäftigten schriftlich bestätigt.

§ 3 Unternehmen und Social Media

1. Das Unternehmen nutzt Social Media zu folgenden Zwecken:
   …………………..

2. Die Nutzung von Social Media durch die Mitarbeiter ist ausschließlich zu dienstlichen Zwecken, d.h. der Kommunikation mit Geschäftspartnern und zum Abruf bzw. zur Veröffentlichung von Geschäftsinformationen zulässig.

   Alternativ:
   Die Nutzung von Social Media durch die Mitarbeiter ist zu dienstlichen Zwecken, d.h. der Kommunikation mit Geschäftspartnern und zum Abruf bzw. zur Veröffentlichung von Geschäftsinformationen und zur privaten Nutzung zulässig.

3. Die Verwendung der Unternehmens-E-Mail-Adresse zur Registrierung in Sozialen Netzwerken zum Zweck der geschäftlichen/privaten Nutzung ist Mitarbeitern gestattet/nicht gestattet.

4. Die Nutzung von Social Media durch die Mitarbeiter ist nur nach Maßgabe der folgenden Richtlinien und unter Beachtung der Vorgaben des Arbeitsvertrages und unter Einhaltung der gesetzlichen Vorschriften zulässig.

Teil 8 Arbeitsrecht und Social Media Kapitel 34

§ 4 Nutzung von Social Media während der Arbeitszeit

Mitarbeiter dürfen Social Media während der Arbeitszeit ausschließlich zu dienstlichen Zwecken nutzen.

Alternativ:
Mitarbeiter dürfen Social Media während der Arbeitszeit zu dienstlichen und privaten Zwecken nutzen. Die Nutzung zu privaten Zwecken ist unter der Voraussetzung zulässig, dass die Arbeitsleistung des Mitarbeiters durch die Nutzung nicht beeinträchtigt wird, d.h. der zeitliche Aufwand von untergeordneter Bedeutung ist. Eine Stunde Zeitaufwand pro Woche für die private Nutzung sollte bei einem Vollzeitarbeitsverhältnis nicht überschritten werden.

§ 5 Rechtliche Verpflichtungen

Mitarbeiter halten sich an das geltende Recht. Bei allen Veröffentlichungen werden sie insbesondere Urheber-, Persönlichkeits- und Markenrechte als auch Datenschutzbestimmungen berücksichtigen. Daneben werden Sie keine beleidigenden, verleumderischen, rassistischen, sexistischen gewaltverherrlichenden oder pornografischen Veröffentlichungen vornehmen.

§ 6 Vertraulichkeit

Vertrauliche Informationen über das Unternehmen oder über Dritte dürfen nicht kommuniziert werden. Mitarbeiter haben zu beachten, dass die Weitergabe von vertraulichen Informationen über Soziale Netzwerke eine erhebliche Verbreitung erfahren können. Soweit daher Zweifel bestehen, ob Inhalte vertraulich sind, ist die Zustimmung der Unternehmensleitung zur Veröffentlichung einzuholen.

§ 7 Transparenz

Mitarbeiter treten bei unternehmensbezogenen Äußerungen immer unter eigenem Namen auf, geben das Unternehmen und die Funktion an. Ferner sorgen sie für eine Kontakt-/Rückmeldemöglichkeit.

§ 8 Verantwortlichkeit für Veröffentlichungen

Mitarbeiter sind für ihre Veröffentlichungen selbst verantwortlich. Inhalte sollten überlegt veröffentlicht werden. Beschäftigte respektieren die Privatsphäre der anderen.

§ 9 Rücksichtnahmepflichten im Unternehmen

Das eigene Unternehmen sowie Partner, Kunden und Lieferanten des Unternehmens werden öffentlich nicht kritisiert. Das Unternehmen will die Meinungsfreiheit der Mitarbeiter nicht einschränken. Unternehmenskritische Äußerungen können jedoch einen enormen Verbreitungsgrad besitzen und zu erheblichen Irritationen bei Geschäftspartnern und Kunden führen Dadurch kann dem Unternehmen erheblicher Schaden zugefügt werden. Probleme sind intern zu diskutieren und mit den zuständigen Stellen im Unternehmen einer Lösung zuzuführen.

§ 10 Toleranz und Akzeptanz

Mitarbeiter des Unternehmens respektieren die Meinungsäußerungen anderer in Sozialen Netzwerken und veröffentlichen keine beleidigenden oder diskriminierenden Inhalte.

§ 11 Verhalten bei Fehlern und Irrtümern

Sind in Veröffentlichungen Fehler oder Irrtümer enthalten, werden diese von den Mitarbeitern zugegeben und unverzüglich korrigiert. Ebenso ist auf öffentliche Kritik unverzüglich zu reagieren. Fehlerhafte oder kritische Posts werden nicht kommentarlos gelöscht, sondern richtiggestellt.

§ 12 Nachhaltiges Engagement

Mitarbeiter, die sich in Sozialen Netzwerken engagieren, kommunizieren regelmäßig und reagieren auf Kommentare, Fragen und Kritik.

§ 13 Qualifizierung der Mitarbeiter

Die Beschäftigten werden hinsichtlich der Social Media-Nutzung geschult und über die einschlägigen Rechtsvorschriften informiert.

§ 14 Verfahren bei Verstößen

Das Unternehmen behält sich vor, bei Verstößen gegen diese Vereinbarung die private und/oder dienstliche Nutzung von Social Media-Anwendungen im Einzelfall zu untersagen und gegebenenfalls weitergehende rechtliche Maßnahmen zu ergreifen

§ 15 Schlussbestimmung

Diese Betriebsvereinbarung tritt am . . . . . in Kraft. Sie kann mit einer Frist von . . . . . zum . . . . . gekündigt werden.

. . . . . ., den . . . . .

Teil 9 Checkliste für Kanzleien zum Einsatz von Social Media

Teil 9 Checkliste für Kanzleien zum Einsatz von Social Media

1. Nutzen
In welchen Bereichen bietet Ihnen Social Media einen Mehrwert?

2. Ziele
Legen Sie konkrete Ziele fest, die Sie mit Social Media in den entsprechenden Bereichen füllen wollen.

3. Zielgruppe
Ermitteln Sie Ihre Zielgruppe auf den Netzwerken.

4. Inhalte
Ermitteln Sie, ob Ihre Inhalte für die Plattform geeignet sind.

5. Medienmix
Seien Sie auf mehreren Kanälen unterwegs und beschränken Sie Ihre Tätigkeit nicht auf ein einziges Medium.

6. Kontrolle
Lassen Sie sich durch Irrtationen, die das Engagement auf den Plattformen auslöst, nicht verunsichern.

7. Erfolgsmessung
Monitoring: messen Sie Ihr Erfolg aller Aktivitäten und beobachten Sie, was über Ihre Kanzlei und Ihre Person kommuniziert wird.

Teil 10 Die Zukunft des Netzes

Teil 10   Die Zukunft des Netzes

Wie wird sich die Welt der Sozialen Medien weiterentwickeln? Oder sind wir am Ende der Entwicklung angelangt? Vermutlich nicht: Die Rede ist bereits vom Web 3.0.

Was wird sich ändern? Zunächst einmal sind neue Strömungen in der Blog-Kultur sichtbar. Bislang wird ein Blog mit einer bestimmten Person in Verbindung gebracht. Mittlerweile existieren jedoch zunehmend Blogs, die aus Autorenteams bestehen und auf denen Gastautoren schreiben. Möglich, dass der Einzelne hinter dem Blog zurücktritt. Dieser Aspekt klingt für Anwälte zunächst negativ: Wozu macht man sich die Mühe, möglicherweise jahrelang einen in einem Blog zu schreiben, wenn am Ende der Anwalt, die Kanzlei, nicht damit in Verbindung gebracht wird? Wie immer in der Entwicklung des Netzes entwickeln sich hieraus jedoch Chancen. Es können sich hochfrequentierte Blogs herausbilden. Wer für diese Blogs schreibt, wird weiterhin seine Leser haben, seinen Namen und damit auch seine potenziellen Mandanten.

Oben hatten Sie gelesen, dass das Typische eines Blogs sein chronologischer Aufbau sei. Aber auch hier deuten sich Änderungen an. Immer mehr Blogs heben besonders wichtige Artikel deutlich hervor und stellen sie dauerhaft nach vorne, damit sie nicht durch reinen Zeitablauf in den Tiefen des Blogs und des Netzes verschwinden.

Das Web 3.0. wird schließlich den Menschen mit künstlicher Intelligenz weitaus bessere Antworten auf Fragen geben und dafür die Informationen des Web 2.0. benutzen.

> **Beispiel**
>
> Wenn ich einen guten Anwalt mit Schwerpunkt im Kapitalanlagerecht in der Nähe meines Arbeitsplatzes suche und diese Suchworte eingebe, so wird eine Auswertung aus Bewertungsportalen und Veröffentlichungen im Netz mir den Anwalt zeigen, der für mein Problem am ehesten geeignet ist und der in der Nähe sitzt. Das heißt: Ich bekomme nicht mehr eine Auswahl von Daten geliefert wie heute (mehrere Anwälte in der Nähe und ihre Bewertung auf verschiedenen Portalen), sondern ich bekomme eine konkrete Empfehlung, wie sie mir ein Freund oder Bekannter geben würde.

Wir Anwälte können und werden uns an der Zukunft des Netzes beteiligen. Der Weg dahin wird mit Schwierigkeiten und neuen Fragen gepflastert sein, auf die wir unmittelbar keine Antwort haben. Das ist aber nichts Neues und keine Besonderheit des Netzes. Das Leben lässt sich nur rückwärts verstehen, muss aber vorwärts gelebt werden, sagte schon Kierkegaard. Nehmen wir die Herausforderung an!

Literaturverzeichnis

1. Social Media-Rechtsfragen
1.1 Aufsätze

Berberich	Der Content »gehört« nicht Facebook! AGB-Kontrolle der Rechteeinräumung an nutzergenerierten Inhalten, MMR 2010, 736
Erd	Datenschutzrechtliche Probleme sozialer Netzwerke, NVwZ 2011, 19
Ernst	Social Networks und Arbeitnehmerdatenschutz, NJOZ 2011, 953
Ernst	Social PlugIns: Der Like Button als datenschutzrechtliches Problem. NJOZ 2010, 1917
Göpfert/ Wilke	Facebookaktivitäten als Kündigungsgrund, ArbR Aktuell 2011, 191
Oberwetter	Soziale Netzwerke im Fadenkreuz des Arbeitsrechts, NJW 2011, 417
Ott	Impressumpflicht für Webseiten – Die neue Regelung nach § 5 TMG, § 55 RStV, MMR 2007, 354
Zoebisch	Der Gegendarstellungsanspruch im Internet, ZUM 2011, 390

1.2 Skript

Prof. Dr. Thomas Hoeren Internetrecht http://www.uni-muenster.de/Jura.itm/hoeren/materialien/Skript/Skript_Internetrecht_Oktober_2011.pdf

2. Social Media-Marketing

Wolfgang Hünnekens:	Die Ich-Sender/Das Social Media-Prinzip. Twitter, Facebook & Communitys erfolgreich einsetzen. Business Village GmbH, 3. Auflage, Göttingen 2010 (Kurzbeschreibung: Anschaulich geschriebenes Buch; zur Einführung gut geeignet)
Thomas Pfeiffer/ Bastian Koch:	Social Media. Wie Sie mit Twitter, Facebook und Co. ihren Kunden näher kommen. Addison-Wesley Verlag, München 2011 (Kurzbeschreibung: Social Media in 131 Fragen. Tolle Darstellung auch für Laien leicht verständlich)
Anne Grabs/ Karim-Patrick Bannour:	Follow me! Erfolgreiches Social Media Marketing mit Facebook, Twitter & Co. Galileo Press, 1. Auflage, Bonn 2011 (Kurzbeschreibung: Marketing-Strategien und Beschreibung der Funktionen der einzelnen Dienste. Für Anfänger und Fortgeschrittene interessant)
David Hoeflmayr:	Kanzleimarketing. Für die anwaltliche und steuerberatende Praxis. Erich Schmidt Verlag Berlin 2003, 3. Auflage, Berlin 2008 (Kurzbeschreibung: Marketingtipps für die Kanzlei,

Glossar

nicht speziell für Social Media, aber dennoch in Ergänzung zu Social Media-Büchern lesenswert)

Glossar

Account	Nutzerkonto in einem sozialen Netzwerk
Administrator	Benutzer mit erweiterten Rechten
Bio.	Kurzform für Biografie
B2B	(Business to Business): Vertriebs- und Kommunikationsweg zwischen zwei Unternehmen
B2C	(Business to Consumer): Vertriebs- und Kommunikationsweg zwischen einem Unternehmen und einem Verbraucher
Blog	Wortzusammensetzung aus »Web« und »Log«.
Community	Anderes Wort für Soziales Netzwerk
Digital Natives	Personen, die bereits mit digitaler Technik wie Computern und Mobilfunkgeräten aufgewachsen ist.
Follower	Abonnent von Twitternachrichten eines Nutzers
»Gefällt mir«-Button	Sympathiebekundung auf Facebook und auf externen Seiten
Google	reichweitenstärkste Suchmaschine
Google Alerts	Benachrichtigungsfunktion von Google für aktuelle Suchworte
Human Ressources	Personalabteilung
IP-Adresse	Webbasierte Identifizierung von Computern bzw. Anschlüssen
Marketing	Überbegriff zur marktorientierten Unternehmensführung
Microblogging	Veröffentlichung kurzer Texte in SMS Länge
Moderator	Auf Facebook und XING Begleiter von Gruppenaktivitäten
Monitoring	Erfassung, Beobachtung oder Überwachung von Maßnahmen, z.B. in Sozialen Netzwerken
Newsletter	Elektronisches Rundschreiben

Glossar

Nutzungs-bedingungen	Rechtliche Vereinbarung zwischen Nutzer und Netzwerkbetreibern
Onlinereputation	Ruf eines Unternehmens oder einer Person im Netz
Plugin	Erweiterungsmodul
Post	Auf Sozialen Netzwerken oder Blogs veröffentliche Nachrichten
PR (Public Relations)	Öffentlichkeitsarbeit
Privatsphäreeinstellung	Möglichkeit zur Anpassung von Profilen in Sozialen Netzwerken bezogen auf den Öffentlichkeitsstatus
Retweets	Zitate anderer Twitternachrichten/ Funktion auf Twitter
RSS-Feed	Format zur strukturierten Veröffentlichung von Neuerungen und Aktualisierung auf Webseiten
Shitstorm	Konzentrierte Kritik an Personen oder Unternehmen in den Sozialen Netzwerken
Suchmaschine	Programm zur Recherche von Webinhalten
Suchmaschinenoptimierung (SEO)	Maßnahmen zur besseren Platzierung in Suchmaschinen
Tag	Markierung eines Datenbestands mit zusätzlichen Informationen
Toolbar	Symbolleiste
Trackback	Funktion zum Auslesen von Verlinkungen zwischen verschiedenen Blogs
Troll	Provokanter störender Nutzer in sozialen Netzwerken
Tweet	Update auf Twitter
VZ-Netzwerke	Soziale Netzwerke für Jugendliche: SchülerVZ, StudiVZ und mein VZ
WordPress	Bekanntester Anbieter für kostenlose Blogs

Stichwortverzeichnis

123People 82
@reply 45

Account 45, 54, 57, 68, 96, 103, 115
Administrator 39
AGB 42, 92
Anwaltssuchdienst 11
Anwaltswerbung 7
Ausländische Gerichte 31
Ausländisches Recht 31
Authentizität 10, 50, 68
Autorenteam 49, 157

Berufsorientiertes Netzwerk 23
Berufsrecht 107, 114
Beschäftigtendaten 130, 136f., 140, 144
Betriebliche Übung 135
Betriebsrat 132, 135, 137, 147
Betriebsvereinbarung 132, 135, 148
Beweisverwertungsverbot 137
Bewertung 153
Bewertungsportale 9, 78, 157
Bio 44, 106
BITKOM 130
Blog 9, 10, 13, 16, 157
Bußgeld 96, 107

Cookies 95

Datenschutz 9, 28, 32
Datenschutzbeauftragter 132
Datenschutzbestimmungen 28, 33, 95, 100, 149
Datenschutzrecht 9, 32, 38, 52, 100f., 129
Diensteanbieter 94, 99, 111
Dienstvertrag 92
Digital Natives 5, 13
Digitaler Radiergummi 83

Direktionsrecht 133, 136, 110
Domain 29, 53, 58
double opt-in 99

Einfühlungsvermögen 15
Einsatzbereitschaft 15
Einwilligung 99f., 114
Empfehlungsmarketing 78, 96

Facebook 76, 82
Facebook Governance 35
Fans 39, 40, 82
Feedburner 53
Follower 24, 44ff.
Freizeitorientiertes Netzwerk 21f.

Gefällt mir 38, 40
Gegendarstellung 38, 80, 109, 110
Geschäftsgeheimnis 93, 125, 144
Google 6, 9
Google Alerts 82
Google+ 24
Google-Ranking 6, 84
Gruppen 22f., 42

Haftung 65, 111, 113
Hashtag 45
Hosting 53
Hostprovider 111
Human Ressources 17, 23

Impressum 38, 44, 99, 101, 103, 105f.
Impressumspflicht 105 f., 108
Information 16
Informationelles Selbstbestimmungsrecht, 32
IP-Adresse 94f., 97f.

JuraBlogs.com 21, 25
Juratweed.de 45

163

Stichwortverzeichnis

Jurawiki.de 26

Kanzleipräsentation 12
Kanzleiziele 14
keyword 84
Kommentare 11f., 50f., 67, 95, 111f.
Kommunikatoren 10
Kontaktanfrage 37, 41
Kostenpflichtige Dienste 37
Kreativität 15
Kreise 25, 36, 66, 76
Kündigung 30f., 135, 137 f., 141

Legal Tribune Online 17, 50
Link 21, 39, 43, 44, 51, 83, 94
LinkedIn 13, 17, 21, 23, 27, 31, 35, 37, 41
Listen 45
Lizenzgebühr 118
Lizenzierung 29
Loyalitätspflicht 141, 147

Markenrecht 117, 149
Marketing 3, 6, 14
Massenmedien 15, 16, 24
Meinungsäußerung 109, 112, 113, 141, 150
Microblogging 21, 24
Mitbestimmungsrecht 132, 135, 137, 147
Moderator 23, 42
Mund zu Mund-Propaganda 11, 77

Newsletter 6, 26, 57, 99, 123
Nutzername 29, 31, 54
Nutzungsbedingungen 28, 29, 30, 33, 57, 92, 113, 117

Onlineadressbuch 41
Onlinereputation 83
Opt-in 28, 99

Patriot Act 101
Personenbezogene Daten 93f., 101, 131, 145f.

Persönlichkeitsrecht 109, 112
Podcasts 25
Post 34, 37, 104, 150
Posten 16, 22, 39, 44
Pressemitteilung 16, 68, 83 104, 138
Privacy is over 32
Privatsphäre 32, 34, 45, 97f., 149
Privatsphäre-Einstellung 34, 36
Profil 9, 22, 26, 28, 33, 37f., 41f., 44, 47, 57, 59
Prüfpflichten 112f.
Public Relations 14ff.

Recruiting 17, 123
Redaktionellen Gestaltung 103
Redaktionsplan 51
Referendare 10, 13, 42, 49, 59
Registrierung 23f., 28f., 33
Reiter 40, 106
Retweet 32, 45f.
RSS 48, 54, 87

Safe Harbor 35, 100
Schadensersatz 118
Schedulefunktion 52
Segmentierung 73f.
Social Media-Berater 60
Social Media-Koordinator 51
Social Media-Monitoring 82
Social Media-Richtlinien 142
Social PlugIn 53, 96ff.
Socialmediaplanner.de 59
Sperre 30, 57, 112
StaticFBML 106
Statistik 12, 40
Störerhaftung 112f.
Stream 44
Studivz 25, 59
Suchmaschinen 14, 35, 48f., 55
Suchmaschinenergebnis 14
Suchmaschinenoptimierung 55
Suchmaschinen-Ranking 55

Tatsachenbehauptung 109f., 113
Timeline 33

Stichwortverzeichnis

Trackback 48, 51
Troll 67, 80
Tweet 17, 24, 32, 35, 44, 46f.
Twitter 7, 13, 21, 24, 30, 35, 37, 44f., 64, 66, 82f., 98, 100, 105 f., 114, 133

Überwachungspflicht 112
Unterlassung 99, 109f., 112, 118
Unternehmensprofil 29, 42, 119
Urheberrecht 52, 118
URL 40, 55, 68, 95

Veranstaltungen 15, 34
Verhaltensrichtlinien 30, 113, 143
Verschwiegenheitspflicht 93, 114, 144, 147
Viral Marketing 77

Web 2.0 6, 9, 11, 16, 78, 83
Werbebeschränkungen 3, 11

Werkvertrag 92
Wettbewerb 74
Widerruf 109f.
Wikipedia 21, 26
Wikis 21, 25f.
Wordpress 53f., 56, 63, 95

XING 17, 21, 23, 24, 27, 31, 35, 37, 41, 43, 92, 107, 119, 130, 139

Yasni 82
YouTube 25, 43, 77

Zu Eigen machen 111
Zugangsdaten 146